"Em meio a todas as visões apocalípticas sobre o trabalho do futuro – do desemprego generalizado à batalha campal entre homem e máquina – recebemos uma fortificante dose de bom senso. *Trabalho na Era da IA* deixa de lado todo o estardalhaço e a histeria e mostra aos líderes como aplicar a automação e a inteligência artificial em suas organizações. Jesuthasan e Boudreau são os guias de visão aguda que toda organização precisa ter."

— **DANIEL H. PINK**, autor, *Drive* e *When*

"Na era da Internet das Coisas e da Inteligência Artificial, os conceitos tradicionais de 'homem econômico' e de 'homem social' precisam ser substituídos pelo conceito de 'Homem Automotivado'. *Trabalho na Era da IA* é um livro à frente do seu tempo e indica o caminho para a humanização da empresa."

— **ZHANG RUIMIN**, presidente e CEO, Haier Group

"Este livro é um elaborado guia passo a passo para repensarmos a forma como as organizações lidam com a automação. Jesuthasan e Boudreau apresentam a nós, líderes, um ponderado modelo que nos ajuda a fazer as perguntas certas quando consideramos onde e quando automatizar. Eles reconhecem que a automação não é a simples extirpação e substituição de certas funções e tarefas, mas sim, algo que requer uma abordagem estratificada."

— **JIM WHITEHURST**, presidente e CEO, Red Hat

"Este livro fornece um excelente e fundamental modelo para orientar a colaboração necessária entre executivos de TI e de Recursos Humanos e outros líderes departamentais visando otimizar o trabalho e a aplicação da automação no ambiente atual de constantes e rápidas mudanças."

— **RALPH W. BROWN**, diretor de Tecnologia e Vice-Presidente Sênior, Research & Development CableLabs

"Leitura obrigatória para todo CEO. Uma abordagem sensata, com exemplos de inúmeros setores de atividade que mostram que a automação e a otimização do fluxo de trabalho são fatores críticos para se competir de maneira eficaz."

— **ANTHONY G. PETRELLO**, presidente do Conselho de Administração, presidente e CEO, Nabors Industries

"*Trabalho na Era da IA* é um livro que executivos de TI e de Recursos Humanos e todo alto executivo deveriam ler. Este modelo de quatro etapas exclui todas as conjecturas ao construir sua estratégia digital e reunir uma força de trabalho engajada, ágil e preparada para o futuro."

— **DIANA MCKENZIE**, vice-presidente sênior e CIO, Workday

"Este livro é um elaborado guia passo a passo para automação responsável, algo relevante para todos os líderes, estejam eles no governo, na educação ou na iniciativa privada. Jesuthasan e Boudreau apresentam uma abordagem prática e reveladora para lidarmos com um dos mais significativos desafios da Quarta Revolução Industrial."

— **SAADIA ZAHIDI**, diretora de educação, gênero e trabalho e membro do Comitê Executivo do Fórum Econômico Mundial

"Vivemos em um mundo onde avançadas tecnologias estão provocando a disruptura de setores inteiros, embora poucos tenham avançado na discussão além da polêmica sobre a tecnologia eliminar ou então gerar empregos. Agora, Jesuthasan e Boudreau oferecem um método abrangente para transformação do trabalho possibilitando, ao mesmo tempo, que organizações (e indivíduos) se adaptem e floresçam."

— **ALAN MAY**, diretor de RH, Hewlett Packard Enterprise

Trabalho na era da IA

Trabalho na era da IA

Ravin Jesuthasan & John W. Boudreau

M.Books do Brasil Editora Ltda.

Rua Jorge Americano, 61 - Alto da Lapa
05083-130 - São Paulo - SP - Telefone: (11) 3645-0409
www.mbooks.com.br

Dados de Catalogação na Publicação

Jesuthasan, Ravin e Boudreau, John W.
Trabalho na Era da IA/ Ravin Jesuthasan e John W. Boudreau.
2020 – São Paulo – M.Books do Brasil Editora Ltda.

1. Inteligência Artificial 2. Pessoas no Trabalho 3. Recursos Humanos
4. Estratégia de Negócios

ISBN: 978-85-7680-333-1

Do original: Reiventing Jobs: a 4-step approach for applying automation to work
Publicado originalmente pela Harvard Business Review Press
©2018 Harvard Business School Publishing Corporation
©2020 M.Books do Brasil Editora Ltda.

Editor: Milton Mira de Assumpção Filho

Tradução: Ariovaldo Griesi

Produção editorial: Lucimara Leal

Editoração: Crontec

Capa: Isadora Mira

2020
M.Books do Brasil Editora Ltda.
Todos os direitos reservados.
Proibida a reprodução total ou parcial.
Os infratores serão punidos na forma da lei.

À minha família, aos amigos, colegas e à igreja pela inspiração, amor e apoio.
— ***Ravin Jesuthasan***

À minha família e aos alunos e colegas que me honram todos os dias, compartilhando sabedoria e apoio. É uma dádiva dividirmos nossa jornada coletiva da reinvenção.
— ***John Boudreau***

Outrora pedra angular da vantagem competitiva, o legado, seja na forma de pensar ou na infraestrutura, vem se tornando, cada vez mais, o principal obstáculo para uma automação sustentável e para o futuro do trabalho.

SUMÁRIO

AGRADECIMENTOS

Somos gratos pelo apoio e encorajamento de nossos colegas na Willis Towers Watson. Apreciamos particularmente a assistência dada por Anne-Marie Jentsch, George Zarkadakis, Juliet Taylor, Tracey Malcolm, Kannie Kong, Maggy Fang e Edward Liu na elaboração deste livro. Obrigado também a David Creelman por sua ajuda, apoio e ideias.

Obrigado à equipe da Harvard Business Review Press, particularmente à nossa maravilhosa, incansável, apoiadora e perspicaz editora, Melinda Merino, que percebeu o potencial deste livro bem antes e muito mais claramente do que qualquer outra pessoa.

INTRODUÇÃO

A Inteligência Artificial e a Robótica Estão Aí. E Agora?

Se você for um líder lutando para saber onde, quando e como aplicar a automação em sua organização, certamente não está sozinho. Em toda parte, líderes estão se perguntando como a automação irá afetar suas organizações e como os empregos (aqueles de suas equipes, colegas, amigos e familiares bem como os seus próprios) poderão mudar ou até mesmo serem eliminados. Os otimistas dizem que as máquinas irão libertar os trabalhadores humanos para realizarem trabalhos mais criativos e mais nobres. Já os pessimistas preveem desemprego em massa ou até mesmo um apocalipse em que os seres humanos simplesmente serão escravos dos robôs. Obviamente, tanto os otimistas quanto os pessimistas estão parcialmente certos e parcialmente errados.

Mas o erro cometido por todo mundo é perguntar: "Em que ocupações a automação irá substituir os seres humanos?". Vemos líderes inteligentes e bem-intencionados ficarem presos ao típico discurso da substituição do trabalho humano. Esta é uma discussão que não leva a nada. Perguntar simplesmente quais seres humanos serão substituídos não leva em conta como o trabalho e a automação evoluirão. Não é possível resolver tal questão pensando-se apenas na automação substituindo empregos.

Consideremos o exemplo dos caixas automáticos. Certamente um exemplo corriqueiro, mas que ilustra a miopia advinda de se perguntar quais ocupações serão substituídas pela automação. Também é um bom exemplo para ser tomado como ponto de partida já que a evolução do trabalho bancário por meio da automação é contínua.

A Automação Bancária Significou o Fim dos Caixas de Banco?

Em 14 de junho de 2011, Barack Obama observou que os caixas automáticos permitiram às empresas se tornarem muito mais eficientes com um número muito menor de trabalhadores.[1] Na verdade, por décadas, o número de empregos para caixas *aumentou*, juntamente com o número de caixas automáticos. Em 1985, os Estados Unidos tinham 60 mil caixas automáticos e 485 mil pessoas trabalhando como caixa de banco. Em 2002, os Estados Unidos tinham 352 mil caixas automáticos e 527 mil pessoas trabalhando como caixa de banco.[2] Entender como a automação afeta o trabalho claramente requer uma abordagem mais sutil do que "quantos empregos os caixas automáticos substituem?".

O economista James Bessen explica o paradoxo de um número maior de caixas automáticos criar um número maior de vagas para bancários em seu livro *Learning by Doing*.[3] Extraído de um artigo do *Wall Street Journal*, temos um comentário seu dizendo: "Uma agência bancária média costumava empregar 20 trabalhadores. A proliferação de caixas automáticos reduziu o número para 13, tornando mais barato para os bancos abrir novas agências. Enquanto isso, graças em parte à conveniência oferecida pelas novas máquinas, o número de transações bancárias disparou e os bancos começaram a competir entre si prometendo melhor atendimento ao cliente. E o resultado são mais bancários, em mais agências, realizando tarefas mais complexas do que os caixas de banco do passado".[4]

Avancemos rapidamente para os dias atuais. As transações financeiras feitas via dispositivos móveis portáteis e na nuvem exigem mudanças ainda maiores no trabalho bancário. Teria a automação finalmente substituído os caixas? Repetindo, a realidade é mais delicada. Em maio de 2017, "embora mais de 8 mil agências bancárias tenham sido fechadas nos Estados Unidos ao longo de uma década (uma média superior a 150 por estado americano) e mais de 90% das transações sejam realizadas *on-line* atualmente, o número de bancários nos EUA permaneceu relativamente estável, com mais de dois milhões deles".[5]

Por que há tal estabilidade no número de bancários se a automação avança cada vez mais? Porque o trabalho do caixa evoluiu. "Em locais em que as agências bancárias ainda mantêm uma presença física, os caixas começaram a sair de trás do balcão de atendimento e passaram, com *smartphones* ou *tablets* em punho, a auxiliar os clientes no autoatendimento. Mas com milhares de agências físicas fechando, é mais provável encontrarmos um caixa *on-line* hoje em dia. Eles representam o lado humano deste mundo cada vez mais virtual. Trata-se de uma função exemplificada em tentativas de se aplicar o novo conceito de banco híbrido feitas pelo Bank of America, micro agências sem funcionários que oferecem um canal direto com caixas humanos via videoconferência".[6]

O caso dos caixas automáticos é uma alegoria útil para líderes, trabalhadores e todos os demais, pois ele ilustra por que a ideia simplista de que a "tecnologia está substituindo o trabalho feito pelos seres humanos" é tão falsa. Este tipo de abordagem não é capaz de prever como o trabalho e a automação realmente evoluem. O caso também ilustra uma capacidade fundamental que os líderes devem ter no futuro: otimizar as opções de se combinar trabalho automatizado com aquele desenvolvido por pessoas.

É disso que o livro trata. Indo além da questão de como e em que extensão a automação irá substituir trabalhos tradicionais, apresentamos um arcabouço sistemático na forma de um *framework* de quatro etapas que os líderes poderão usar para revelar combinações otimizadas de automação do trabalho e redefinição das funções dentro de suas empresas. Nosso modelo o liberta de fazer a pergunta simplista "quais funções serão substituídas pela automação?" e, em vez disso, lhe oferece um método com mais nuances, mas, ainda assim, preciso e factível para determinar a combinação ideal entre seres humanos e máquinas em sua empresa.

Plano de Ação para a Reinvenção do Trabalho

Este livro se destina a todos aqueles que precisam considerar como a automação irá afetar os empregos e o trabalho, ou seja, envolve praticamente todo mundo. Entretanto, escrevemos este livro particularmente para pessoas em posições de liderança, pois estes precisam decidir onde, por que e como *otimizar a combinação entre trabalho automatizado e trabalho humano*. No princípio isso pode parecer confuso. Mais uma vez, não é assim tão simples quanto se perguntar quais ocupações serão substituídas pela tecnologia. E também não é tão simples como a terceirização "com migração para a nuvem", em que funções inteiras são transferidas para empresas externas contratadas. Em vez disso, automatizar o trabalho requer que os líderes repensem, de forma radical, mas sistemática, o "emprego", o principal meio de trabalho por séculos. Aqueles líderes que entenderem isso e adotarem um enfoque com um grau de nuances maior, mas disciplinado, colherão enormes benefícios.

Sabemos disso porque passamos décadas ajudando líderes a alcançar sucesso estratégico através de pessoas e trabalho. Ravin foi reconhecido como um dos 25 consultores empresariais mais influentes do mundo, tendo ajudado algumas das maiores e proeminentes empresas do mundo a se transformar para realizar uma mudança positiva no desempenho. Trabalhou com órgãos governamentais, instituições de ensino e organizações não governamentais como o Fórum Econômico Mundial no tema futuro do trabalho. John é um dos mais destacados nomes no campo do pensamento sobre capital humano estratégico, trabalho e futuro do profissional de RH. Ajudou a esclarecer como o trabalho, os talentos e a organização são primordiais para o sucesso estratégico em muitas empresas, desde *startups* em seus estágios iniciais até algumas das maiores organizações do mundo.

Nosso foco sobre o impacto do trabalho, dos talentos e da organização no sucesso estratégico suscita uma perspectiva realmente única e diferenciada para a questão de como automatizar o trabalho. A maioria dos especialistas aborda este problema sob o ângulo da tecnologia. Nós encaramos a questão sob o ponto de vista organizacional e do capital humano. Temos uma visão sólida sobre como alcançar combinações ideais para a automação do trabalho com base em anos de experiência auxiliando empresas a reinventarem o trabalho, a liderança e até elas próprias à luz das inovações e tecnologias mais recentes no ambiente de trabalho.

Embora os desafios específicos enfrentados pelas organizações com as quais trabalhamos tenham mudado ao longo dos anos seja em resposta à melhoria de processos (reengenharia de processos de negócios ou processos ágeis), redesenho ou novos métodos de recrutamento de pessoal (como terceirização, plataformas para atração de talentos ou mão de obra contingente) o método que desenvolvemos e usamos ao longo dos últimos dez anos para ajudar líderes a reinventarem suas empresas é um *framework* de quatro etapas: (1) desconstruir as funções em suas tarefas laborais componentes; (2) avaliar a relação entre desempenho das tarefas e valor estratégico; (3) identificar opções para recombinar tarefas à luz de novas tecnologias e processos e, finalmente, (4) otimizar o trabalho juntando todas as etapas para reinventar as funções laborais.

Sua Empresa Está Preparada para a Automação?

Além de ajudar as empresas a enfrentarem o futuro do trabalho, este livro também se concentra na pesquisa realizada pela Willis Towers Watson.

Um estudo recente destaca o preparo das organizações para o impacto de várias tendências, entre as quais a automação. Os números de nossa sondagem *Global Future of Work* (O Futuro do Trabalho no Mundo) mostra como as empresas participantes da pesquisa classificaram o seu nível de preparo em várias áreas-chave: já se encontram totalmente preparadas; estão adotando algumas medidas; estão planejando tomar certas medidas; estão considerando tomar certas medidas ou estão despreparadas. As duas áreas em que as empresas se encontravam menos preparadas são: "desconstrução de funções e identificação de quais tarefas podem ser mais bem executadas com a automação" e "identificação de formas para requalificação dos talentos cujo trabalho será transformado pela automação". Como mostraremos neste livro, estas duas áreas são a base das futuras exigências para líderes à medida que as ocupações são reinventadas; elas são fundamentais para o nosso modelo.

Mais recentemente, usamos esta abordagem sistemática passo a passo para ajudar os líderes a responder de forma proativa ao surgimento da automação do trabalho. Usamos esta abordagem em empresas de diversos setores (biofarmacêutico, petróleo e gás, alta tecnologia, financeiro, transportes) para otimizar o poder e o potencial da automação e para solucionar o trabalho e os desafios a ele associados.

Agora, com este livro, oferecemos um guia prático para a abordagem em quatro etapas e mostramos como aplicá-la ao desafio da automação por você enfrentado. Esperamos que, usando este livro, você consiga desconstruir as etapas do trabalho em sua empresa, identificar os benefícios, escolher as abordagens corretas para, em seguida, otimizar a automação do trabalho. Nosso modelo irá aju-

Medidas tomadas e áreas de oportunidade relacionadas com a criação de combinações ideais entre trabalho executado por pessoas e pela automação

Identificar novas competências necessárias para o negócio.

Desconstruir funções e identificar as tarefas que podem ser mais bem executadas pela automação (IA, robótica, etc.).

Adequar os talentos às exigências do novo trabalho.

Solucionar deficiências dos talentos por meio de ações e planejamento voltados para a força de trabalho.

Possibilitar que as carreiras se baseiem em uma estrutura com menos níveis hierárquicos.

Alinhar a remuneração dos executivos com a nova realidade da empresa.

Reconfigurar remunerações e benefícios.

Engajar uma força de trabalho mais diversa.

Avaliar os talentos para identificar eventuais lacunas em "competências e pretensões".

Identificar formas de requalificação dos talentos cujo trabalho será transformado pela automação.

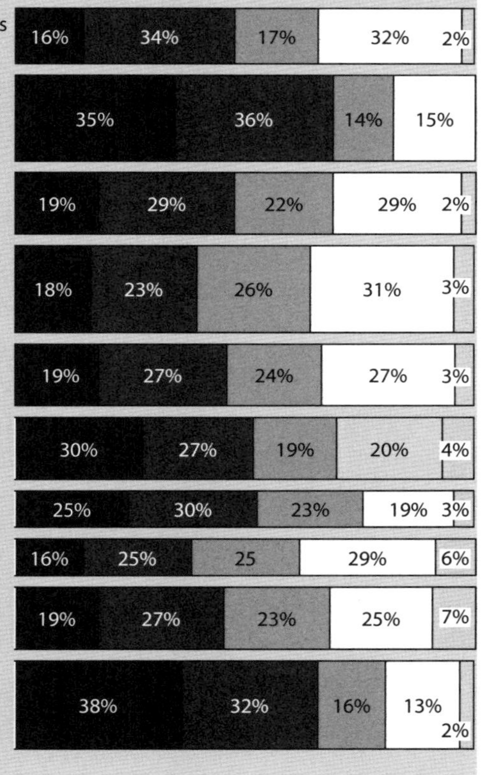

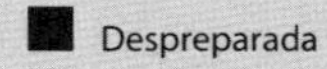

Despreparada

Considerando que medidas devem ser tomadas para se tornar preparada no futuro

Planejando tomar certas medidas neste ano para atingir a condição de preparada

Já foram adotadas algumas medidas e se considera relativamente preparada

Está totalmente preparada

Fonte: Willis Towers Watsons, Future of Work Global Survey, 2017.

dá-lo a enfrentar as oportunidades para a automação (oportunidades estas complexas, em contínua mudança e cercadas de sutilezas). Este livro fornece um conjunto de ferramentas para ajudá-lo a resistir à tentação de simplesmente cortar custos substituindo o trabalho humano pela automação, um discurso ainda usual entre os fornecedores de automação de processos por robótica RPA (RPA – *Robotic Process Automation*). Estas abordagens simplistas normalmente produzem imprevistos que podem ser antecipados com o uso do sofisticado método descrito por nós.

Como Está Organizado este Livro

A Parte I apresenta detalhadamente o framework de quatro etapas e como aplicá-lo às suas escolhas para automatização do trabalho. O primeiro passo é desconstruir as etapas do trabalho, decompondo as funções em suas tarefas componentes. A pergunta "Em que tipos de trabalho a automação irá substituir o homem?" é ineficaz. As funções laborais contêm várias tarefas com diferentes níveis de compatibilidade com a automação e possíveis benefícios. Só é possível visualizar esses padrões quando se desconstrói as funções em suas tarefas componentes. Portanto, a melhor pergunta seria: "Quais tarefas são mais compatíveis com a automação?".
Podemos então descrever as tarefas em termos de sua compatibilidade com a automação usando três características:

- **Repetitivas-variáveis.** A tarefa é mais repetitiva, com rotinas e critérios de sucesso previsíveis ou é mais variada, com rotinas únicas e imprevisíveis e critérios de sucesso variáveis, exigindo inovação e, talvez, a aplicação de regras para tomada de decisão em circunstâncias novas ou únicas?
- **Independentes-interativas.** A tarefa é executada de forma mais independente por uma única pessoa ou de forma mais interativa com outras pessoas, envolvendo comunicação e empatia?

- **Físico-mentais.** A tarefa é mais física, usando força e destreza manual ou mais mental, usando cognição, criatividade e discernimento?

O Capítulo 1 — Desconstruindo o Trabalho —, discute como desconstruir as etapas do trabalho, decompondo as funções em suas tarefas componentes e, em seguida, categorizá-las usando estas três perguntas, a base para a aplicação da automação de forma otimizada.

A próxima etapa, no Capítulo 2 — Avaliando a Relação entre Desempenho das Tarefas e Valor Estratégico — destina-se a responder a pergunta "quais os benefícios?". Se o seu objetivo for evitar erros, isso implica em uma abordagem de automação do trabalho bastante distinta caso o objetivo seja aumentar o desempenho atual e ambas são muito diferentes de aumentar o número de trabalhadores para se atingir um aumento de desempenho exponencial. Este capítulo descreve como analisar cada tarefa de modo a identificar a relação entre valor para a empresa e nível de desempenho. Isso esclarece os objetivos e o benefício ideal para a automação do trabalho.

A terceira etapa de nosso modelo pergunta: "Que tipo de automação é possível?". A maioria dos líderes parte diretamente para esta etapa, imaginando tudo quanto é tipo de automação. Entretanto, só é possível otimizar as opções de automação após as duas primeiras etapas terem sido cumpridas. Uma vez desconstruídas as funções em suas tarefas, identificado o grau de compatibilidade das tarefas em relação à automação e identificado o benefício em termos de desempenho destas tarefas, pode-se identificar de forma mais precisa as opções para a automação. Apresentaremos três tipos de automação: automação de processos por robótica (RPA), automação cognitiva e robótica social.

A RPA aplica a automação de processos em tarefas repetitivas, de baixa complexidade e que ocorrem em grandes volumes. A automação cognitiva usa tarefas mais complexas aplicando inteligência como reconhecimento de padrões ou compreensão de linguagem. Já a robótica social envolve robôs interagindo ou colaborando com seres humanos no espaço físico por meio da combinação de sensores, inteligência artificial (IA) e robôs móveis.

O Capítulo 3 — Identificando as Opções — irá ajudá-lo a entender esses três tipos de automação e sua relevância para diferentes tipos de trabalho. Demonstraremos como as informações obtidas nas etapas 1, 2 e 3 dão pistas, indicando se a automação pode substituir, ampliar ou criar trabalho novo para o ser humano.

Deveria a automação substituir o trabalho humano, ampliar a sua capacidade ou criar novos tipos de trabalho para o homem? Com o que se parece a otimização do trabalho? A quarta etapa do modelo reúne todos esses aspectos. O Capítulo 4 — Otimizando o Trabalho —, apresenta exemplos reais que ilustram a otimização do trabalho por meio da automação. Ele mostra como os quatro elementos de nosso modelo se combinam para ajudá-lo a ver a automação do trabalho como um ato de discernir como cada exemplo reflete uma combinação ideal entre desconstrução de funções, retorno sobre um melhor desempenho e automação.

Entretanto, a otimização da automação não termina com a reinvenção do trabalho. Reinventar as funções laborais redefine a própria natureza de uma organização. O novo trabalho humano/automatizado que se cria raramente se encaixa nas descrições de cargos e estruturas organizacionais tradicionais e frequentemente é suprido de maneira ideal de forma diferente daquelas do emprego tradicional. As organizações são formadas por muitas estruturas e funções laborais interconectadas. Nossa experiência revela que a verdadeira otimização requer conectar as funções reinventadas às estruturas, direitos quanto à decisão, redes sociais, cultura empresarial e outros fatores organizacionais. Ela requer mudanças fundamentais na definição e no desempenho da liderança. Finalmente, ela exige que todos encarem o próprio trabalho e carreira como um constante processo de desconstrução e reinvenção. A Parte II aborda estas questões. O Capítulo 5 — A Nova Empresa —, discute como a otimização da automação do trabalho leva a mudanças na organização e descreve várias empresas que estão na vanguarda dessas mudanças.

Essas opções de trabalho novas e reinventadas podem mudar fundamentalmente as características de uma organização como liderança, poder, responsabilização, cultura organizacional, estrutura, compartilhamento de informações e tomada de decisão. Funcionários de primeira linha agora terão acesso a informações e *expertise* que anteriormente ficavam apenas nas mãos de seus supervisores ou gerentes. Decisões que anteriormente exigiam que se passasse do nível do funcionário para o de supervisão e depois para a gerência, agora são assistidas pela IA. Normas como "o cliente vem até nós porque apenas nós temos as informações que ele precisa", devem mudar para "o cliente chega com mais informações do que temos e vem até nós para estabelecer uma relação colaborativa e de confiança".

O Capítulo 6 — A Nova Liderança — examina como os líderes precisam evoluir para se adequar a esta nova realidade e descreve um papel novo e vital para eles, como atuar como guias no processo de atualização perpétua do trabalho. É preciso haver uma colaboração entre líderes e trabalhadores jamais vista para percorrer um mundo de trabalho que é constantemente atualizado, já que tarefas anteriormente feitas por pessoas precisam evoluir para serem substituídas ou ampliadas pela automação.

Os trabalhadores precisam confiar em seus líderes e na empresa de modo a compartilharem suas ideias sobre como automatizar o seu próprio trabalho. Líderes e empresas precisam encontrar novos caminhos que possibilitem a continuidade por parte dos trabalhadores, mas sem assumir que o trabalho será constante. Os trabalhadores terão de adotar uma postura mais empreendedora e estar preparados para mudar de um emprego com vínculo empregatício para contratos com tempo determinado, trabalhar como *freelancers* e assim por diante.

Os líderes precisam repensar seus papéis e meios para realização da missão de suas empresas. Isso exigirá novas capacidades e ferramentas para líderes e trabalhadores e um nível crescente de colaboração. Cada vez mais, tanto líderes quanto trabalhadores terão de orquestrar um ecossistema, povoado por robôs e IA, em vez de gerenciarem dentro de uma organização autossuficiente.

O Capítulo 7 — Desconstrua e Reconfigure o seu Trabalho — ilustra como o nosso framework de quatro etapas pode orientá-lo sobre o novo significado de seu próprio trabalho e carreira, para otimizar sua estratégia pessoal na automação do trabalho.

Constatamos que praticamente todas as organizações estão se esforçando para entender e estão experimentando a automação, mas perdendo os benefícios oriundos de mudanças profundas e sistêmicas. Um dos críticos de nosso livro colocou muito bem: "A automação é impulsionada pela necessidade estratégica de se mover mais rapidamente, de ser mais voltado para o consumidor e alavancar tecnologia, reduzir custos, aumentar a velocidade e melhorar os serviços para a geração de valor novo nesta era baseada na tecnologia. Seja qual for o objetivo, sempre dependerá, em última instância, das decisões dos líderes sobre como a automação irá afetar o trabalho e os respectivos sistemas de trabalho complementares. Entretanto, poucas estratégias de automação chegam a considerar o trabalho, o que dirá disponibilizar um modelo para otimizá-lo".

Sem um modelo e um conjunto de planos, fica difícil aprender a partir desses experimentos, particularmente lições sobre como, quando e onde aplicar a automação nas empresas, e como criar as estruturas organizacionais e de liderança que irão maximizar os benefícios e minimizar os riscos. Temos observado o valor de reestruturar o problema da automação do trabalho através de funções desconstruídas e reinventadas que usam a automação correta para otimizar e promover o equilíbrio entre desempenho e risco.

A automação provocará uma disrupção significativa e potencialmente irá empoderar a força de trabalho. Isso não acontecerá de uma só vez ou em todos os tipos de trabalho, mas irá acontecer. Será preciso ter uma estratégia de automação do trabalho que reconheça as nuances, perceba os benefícios e evite custos e disrupção desnecessários.

Este livro o ajudará a elaborar a sua estratégia. Nosso modelo o ajudará a entender melhor as implicações de tendências emergentes, como a automação poderá transformar a sua empresa e como orientar tal transformação.

É possível ter acesso a uma versão digital (em inglês) do nosso modelo e outros inúmeros recursos para apoiá-lo em sua jornada para a reinvenção do trabalho, visitando os seguintes sites: willistowerswatson.com/reinventing-jobs e drjohnboudreau.com/speaking/reinventing-jobs-to-optimize-work-automation.

PARTE I

Otimizando a Automação do Trabalho

Framework de Quatro Etapas

Em recente conferência no MIT sobre IA (Inteligência Artificial) e o futuro do trabalho, especialistas concluíram que a tecnologia ao mesmo tempo cria e destrói empregos, que o crescimento da produtividade laboral, na verdade, diminuiu de ritmo apesar dos avanços tecnológicos e que para recolher os frutos da automação, precisaremos reinventar as empresas, as instituições e as métricas.[1] Tecnologias como carros autônomos, *chats* para tirar dúvidas em sites (*chatbots)* e apps, manobristas automatizados e cuidadores robotizados são tentadoras e chamam nossa atenção, mas especialistas dizem que o fator fundamental na obtenção de valor delas, cada vez mais é a forma como os líderes otimizam as combinações entre trabalho humano e automatizado e, em seguida, organizam e conduzem, dando apoio a essas combinações.

A Parte I do livro descreve o nosso *Framework* de Quatro Etapas para se alcançar tal otimização. Cada capítulo descreve um componente vital do modelo. Em seguida, o Capítulo 4 reúne todos eles para mostrar sua capacidade combinada de revelar soluções novas e mais otimizadas. Cada capítulo usa exemplos reais para demonstrar como se pode atingir objetivos estratégicos melhores concentrando-se mais claramente na otimização da automação do trabalho.

Para mostrar como as quatro etapas de nosso *framework* se superpõem, cada um dos quatro primeiros capítulos começa com uma pergunta-chave que dá sequência à história dos caixas automáticos que iniciamos logo na Introdução. Cada capítulo relata uma nova faceta da história dos caixas automáticos e ilustra as ideias daquele dado capítulo.

CAPÍTULO 1

Desconstruindo o Trabalho

Que Tarefas São Mais Adequadas à Automação?

Apresentamos o seguinte desafio: Você recebe uma vela, uma caixa de tachinhas e uma caixa de fósforos. Como fixaria a vela a um painel de cortiça de modo a poder acendê-la sem derramar cera derretida no chão?

A solução para o problema da vela de Duncker é decompor a caixa de tachinhas em suas partes (isto é, caixa e tachinhas).[1] Em seguida, você verá que as tachinhas podem fixar um lado da caixa ao mural e a vela na caixa. Em experimentos, pessoas que recebem a caixa com as tachinhas dentro com muito menor frequência resolvem o problema do que aquelas que recebem a caixa com as tachinhas fora dela.

O que isso tem a ver com a automação do trabalho? O trabalho é construído em descrições de cargos similares à caixa cheia de tachinhas.

As descrições de cargos se tornam um repositório de competências, indicadores de desempenho e pacotes de remuneração. Rapidamente os líderes, os trabalhadores e outros passam a encarar o cargo (função) e seus componentes como uma única coisa indivisível. Essa tendência de imaginar os cargos como repositórios fixos faz com que se deixe de ver excelentes oportunidades para se otimizar a automação do trabalho. Ela induz à pergunta frequente, porém demasiadamente simplista: "Quantos trabalhadores executando uma determinada função serão substituídos pela automação?". O verdadeiro padrão da automação do trabalho só é revelado a partir da decomposição do trabalho/função em suas diversas tarefas e não por meio de sua função.

Da mesma maneira que é preciso tirar as tachinhas da caixa para resolver o problema da vela, é preciso primeiramente extrair as tarefas de uma determinada função para depois reinventá-la de modo a poder resolver o problema da automação do trabalho.

Voltemos à história dos caixas automáticos para ver como isso funciona.

Pergunta Errada em Relação aos Caixas Automáticos: "Quantos Trabalhadores Podem Ser Substituídos?"

Imagine que você comandasse a força de trabalho de um banco nos anos 1970. Seus analistas de tecnologia fizeram os cálculos e estimaram uma enorme economia se caixas humanos fossem substituídos por caixas automáticos. É verdade, pelo fato de os caixas automáticos não precisarem estar associados a uma agência bancária completa, os desenvolvedores de tecnologia estimam que será possível cortar ainda mais os custos através da redução do número de agências completas, criando pequenas agências equipadas *exclusivamente* com caixas automáticos. Clientes que precisem de serviços que vão além dos caixas automáticos deverão se dirigir a uma das poucas agências completas tradicionais. Há entusiasmo em relação à redução de riscos, já que os caixas automáticos cometem menos erros, como deixar de preencher formulários necessários ou digitar incorretamente as operações. Outra vantagem seria melhorar a experiência do cliente, já que os caixas automáticos são capazes de processar as transações mais rapidamente, fazendo com que os clientes percam menos tempo em filas. Esses possíveis benefícios são sedutores, mas a história nos mostra que a simples substituição dos caixas humanos por caixas automáticos não é a solução ideal.

Componentes do Trabalho Realizado por um Caixa de Banco

- Cumprimentar e receber bem o cliente.
- Ouvir a solicitação do cliente que quer fazer uma retirada em dinheiro.
- Verificar se na conta do cliente há fundos suficientes para cobrir o saque.
- Processar a retirada para debitar a conta do cliente.
- Contar as cédulas e entregar o dinheiro ao cliente.
- Alertar o cliente quando o saldo de sua conta for insuficiente para cobrir a operação.
- Travar uma conversa com o cliente.
- Detectar a receptividade do cliente por serviços bancários adicionais.
- Recomendar e descrever outros serviços oferecidos pelo banco.
- Passar o cliente para outros funcionários do banco para serviços e produtos adicionais.
- Colaborar com o pessoal do banco que cuida da linha de produtos e informar os gerentes para melhoria nos produtos e processos.

O primeiro passo para se alcançar uma solução melhor é decompor, ou desconstruir, o trabalho em seus elementos laborais ou tarefas. (O quadro anterior mostra um exemplo de decomposição em etapas do trabalho de um caixa).

Algumas tarefas, como processar retiradas em dinheiro, são muito adequadas à automação presente nos caixas automáticos. Outras, como alertar o cliente que sua conta foi bloqueada devido a saques a descoberto, já não são. Um caixa automático dificilmente poderá lidar com a ira e frustração de um cliente.

Decompor o trabalho de um caixa de banco em seus elementos também revela que estes elementos laborais poderiam ser automatizados de diferentes formas. Os caixas humanos ao ajudarem um cliente a realizar uma simples transação são capazes de detectar quando este estaria receptivo a ofertas de outros serviços bancários. Em recente artigo no *Atlantic* há uma entrevista com Desiree Dixon, uma das representantes de serviços do Navy Federal Credit Union, em Jacksonville, Florida, descrevendo seu trabalho: "Ao adentrar uma agência do Navy Federal, [o *staff*] realmente entende o que se passa com a esposa ou o familiar de um militar. A menos que você se encontre nesta condição (ou tenha conhecidos nesta situação) não existe esta compreensão. Quando o seu marido ou filho estiver em uma missão em alto-mar e você precisar tomar conta dos negócios deles, você precisará de uma procuração deles. E o Navy Federal realmente entende essas situações".[2]

Agora é possível observar melhor como agrupar as tarefas: algumas são repetitivas (entregar o dinheiro referente a um saque; verificar se há fundos suficientes na conta), ao passo que outras são variáveis (colaborar com o pessoal do banco responsável pela linha de produtos e informar os gerentes para melhoria nos produtos e processos). Outras exigem interação humana, empatia e inteligência emocional (conversar com o cliente; alertá-lo quando o saldo de sua conta for insuficiente), ao passo que outras são realizadas independentemente (cálculo do saldo). Algumas tarefas são físicas (repassar o dinheiro para o cliente) e outras são intelectuais (identificação de serviços bancários adicionais apropriados). Podemos então nos dar conta de que tais categorias revelam quais tarefas são compatíveis para serem substituídas por um caixa automático (como aquelas repetitivas-independentes-físicas) e quais devem ser feitas por seres humanos ou automatizadas de forma diferente (variáveis-interativas-intelectuais). Veja a Tabela 1-1.

TABELA 1-1

Elementos laborais classificados segundo suas características

	Características do elemento laboral		
Tarefas/Elementos Laborais do trabalho de um caixa de banco	**Repetitivas *versus* variáveis**	**Independentes *versus* interativas**	**Físicas *versus* intelectuais**
Cumprimentar e recepcionar o cliente.	Repetitivas	Interativas	Intelectuais
Ouvir a solicitação do cliente que quer fazer uma retirada em dinheiro.	Repetitivas	Interativas	Intelectuais
Verificar se na conta do cliente há fundos suficientes para cobrir o saque.	Repetitivas	Independentes	Intelectuais
Processar a retirada para debitar a conta do cliente.	Repetitivas	Independentes	Intelectuais
Contar as cédulas e entregar o dinheiro ao cliente.	Repetitivas	Independentes	Físicas
Alertar o cliente quando o saldo de sua conta for insuficiente para cobrir a operação.	Variáveis	Interativas	Intelectuais
Entabular uma conversa com o cliente.	Variáveis	Interativas	Intelectuais
Detectar a receptividade do cliente por serviços bancários adicionais.	Variáveis	Interativas	Intelectuais
Recomendar e descrever outros serviços oferecidos pelo banco.	Variáveis	Interativas	Intelectuais
Passar o cliente para outros funcionários do banco para serviços e produtos adicionais.	Repetitivas	Interativas	Intelectuais
Colaborar com o pessoal do banco que cuida da linha de produtos e informar os gerentes para melhoria nos produtos e processos.	Variáveis	Interativas	Intelectuais

Decompondo as Funções em seus Elementos

Conforme ilustra o exemplo dos caixas automáticos, é preciso decompor as funções em seus principais elementos e não pensar em termos de substituir empregos por completo. Esses elementos irão revelar os padrões de otimização, muitas vezes ocultos quando o trabalho está preso à descrição dos cargos (funções). Isso não significa que certas funções irão desaparecer, mas sim que elas serão reinventadas, já que trabalho que foi agregado em uma "função" é constantemente reconfigurado e continuamente desconstruído e reconstruído. Ao longo do tempo, certos elementos de um trabalho serão eliminados da função à medida que forem transferidos para outros arranjos de trabalho ou automação.

As tarefas remanescentes desta função talvez não demandem mais uma jornada de trabalho de tempo integral. Entretanto, a automação do trabalho não diz respeito apenas a otimizar uma ocupação por vez. Grupos de ocupações estão inter-relacionados; portanto, a automação do trabalho requer a otimização das tarefas em várias ocupações. Em um grupo de ocupações relacionadas, o conteúdo de cada uma delas poderia ser reduzido pela automação, mas as tarefas desempenhadas por humanos de várias ocupações relacionadas poderiam ser combinadas em um novo trabalho de tempo integral reinventado. Nossos exemplos normalmente irão se concentrar em uma única ocupação para fins ilustrativos. Entretanto, você poderá usar as mesmas ferramentas em uma situação mais próxima da realidade em que a automação do trabalho pode se aplicar a grupos de ocupações com tarefas relacionadas.

Como encontrar as tarefas componentes contidas nas funções? Existem muitos modelos. É possível usar vários deles. É possível encontrar as tarefas que compõem as funções nas descrições de cargos e nas listas de competências. Às vezes também podemos encontrá-las em metas de desempenho e componentes da remuneração. Existe uma biblioteca *on-line* de tarefas laborais, cobrindo milhares de tipos diferentes de ocupações, a O*Net. Seu site diz o seguinte: "[O] banco de dados da O*NET contém centenas de descritores padronizados e específicos para cada ocupação em quase mil ocupações, cobrindo toda a economia norte-americana. O banco de dados, disponível ao público sem custo algum, é continuamente atualizado a partir da entrada de dados feita por uma ampla gama de trabalhadores de cada ocupação.[3] A Figura 1-1 é uma adaptação de um diagrama produzido pela Alpha Beta Analysis usando dados da O*Net para ilustrar a compatibilidade com a automação de tarefas contidas em ocupações. Como pode ser observado, cada ocupação contém várias tarefas diferentes e cada uma delas tem um grau de compatibilidade diferente. Perguntar se uma ocupação é compatível com a automação não faz sentido como perguntar como a automação é compatível com cada tarefa decomposta.

O que Torna a Automação de Tarefas Compatível?

Como se mede a facilidade para automatizar uma tarefa? Acreditamos que existem três características fundamentais como ilustra a Figura 1-2.

Repetitivo *versus* Variável?

O trabalho repetitivo é, normalmente, previsível, rotineiro e determinado por critérios predefinidos ao passo que o trabalho mais variado é imprevisível, mutável e exige critérios adaptativos e regras para a tomada de decisão.

FIGURA 1-1

Compatibilidade com a automação de tarefas contidas nas ocupações

O impacto da automação é mais bem entendido subdividindo-se a economia em tarefas

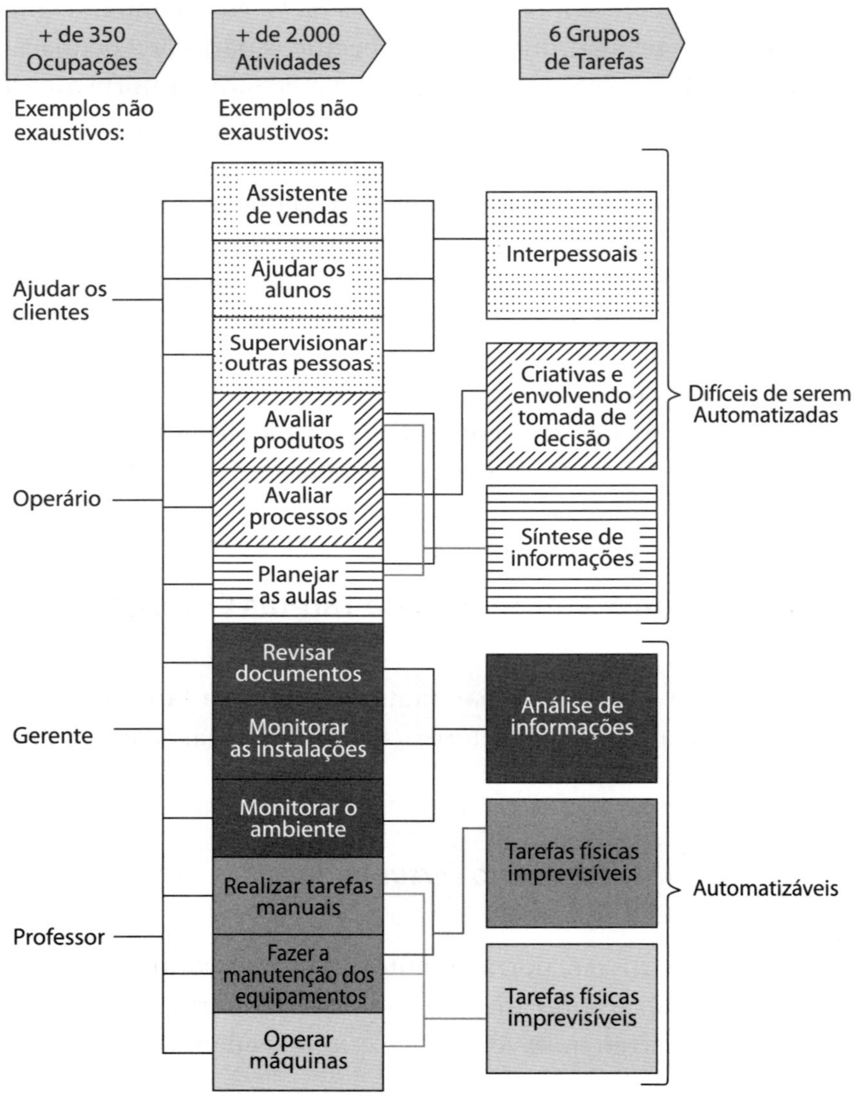

Fonte: Este trabalho é derivado de "The Impact of Automation is Best Understood by Breaking the Economy Down into 'Tasks'", de O*net, Alphabeta Analysis, usado segundo a CC BY 4.0.

FIGURA 1-2

Três características que determinam a compatibilidade com a automação

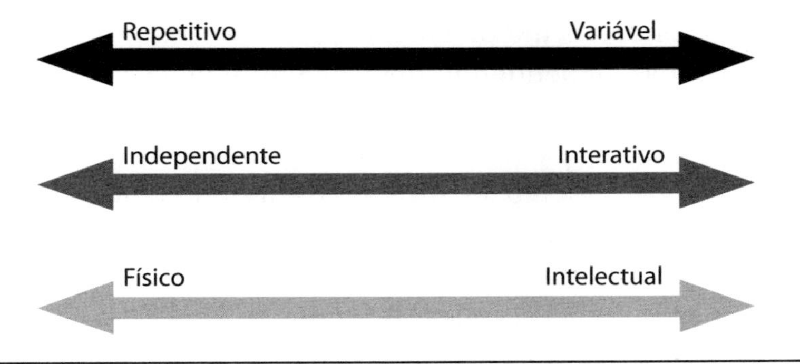

A maior parte das tarefas desenvolvidas no trabalho de um analista de crédito é repetitiva. Ele deve reunir e sintetizar dados similares para cada pedido de empréstimo. Ele sai em busca dos mesmos sinais de alerta em cada informação sobre o cliente que é extraída de registros em bancos de dados, dados de agências de classificação creditícia, registros em órgãos governamentais e mídias sociais. Em geral, o trabalho repetitivo é mais compatível com a automação com soluções bem consolidadas como a RPA (automação de processos por robótica), que descrevemos no Capítulo 3. A RPA é capaz de realizar análises deste tipo até quinze vezes mais rápido do que um ser humano, praticamente sem erros. No outro extremo da escala, o trabalho de um consultor de RH é altamente variável. A situação de cada cliente é diferente e todo problema é único. Este consultor trabalha com conjuntos de ferramentas analíticas, sistemas para gestão da mudança e técnicas para desenho de processos que precisam ser personalizados de modo a poder diagnosticar problemas e soluções únicos. Um trabalho deste tipo é menos passível de automação, porém, avanços na automação cognitiva poderiam automatizar certas tarefas analíticas ou aprender a partir de casos de clientes anteriores.

Independente *versus* Interativo?

O trabalho independente requer menos ou nenhuma colaboração com outras pessoas, ao passo que aquele realizado interativamente envolve maior colaboração e/ou comunicação com outras pessoas, dependendo mais de habilidades comunicativas e da empatia.

Um contador que prepara informes financeiros de apresentação obrigatória para órgãos reguladores usando regras para tomada de decisão e modelos prescritos está realizando, basicamente, um trabalho independente. Ele pode reunir dados de várias fontes, sintetizar seus achados, aplicar ferramentas analíticas aceitas e gerar relatórios sem se envolver com outras pessoas. Grande parte do trabalho deste tipo é compatível com a automação através do emprego de métodos bem estabelecidos. Por exemplo, a RPA poderia realizar a coleta de dados e a síntese das informações, enquanto a IA poderia realizar grande parte da análise e gerar relatórios básicos. Por outro lado, os atendentes de *call center* estão realizando trabalho interativo, adequando o seu trabalho às emoções, necessidades e estilo de comunicação únicos de cada cliente. Geralmente o trabalho interativo é menos compatível com a automação, porém, avanços na IA e em sensores são capazes de detectar as emoções da pessoa que está ligando e analisar a solicitação feita de modo a fornecer informações relevantes ao atendente para melhor atender o cliente, com maior empatia e atenção.

Físico *versus* Intelectual?

O trabalho físico é, em sua essência, manual por natureza, exigindo destreza manual e muitas vezes força, ao passo que o trabalho intelectual exige habilidades cognitivas de uma pessoa.

O trabalho de um operário em uma linha de montagem é um trabalho físico. O operário tem que juntar diferentes peças, soldá-las, fazer uma inspeção e transportar o produto final para outra parte da fábrica. Este tipo de trabalho apresenta uma tendência natural para a robótica social ou colaborativa, ou seja, a combinação de IA, sensores e equipamentos móveis. Um robô colaborativo poderia reunir e deslocar as peças, soldá-las com um grau de precisão que excede bastante as habilidades de um ser humano. Por outro lado, a RPA, ou automação cognitiva, muitas vezes pode substituir ou ampliar o trabalho intelectual de um contador.

Desconstrução e Reconfiguração do Trabalho: Operadores de Sonda de Perfuração

O trabalho de um operador de sonda de perfuração de poços de petróleo está no centro de profundas mudanças econômicas e tecnológicas. Tradicionalmente, o setor de exploração de recursos naturais faz uso intensivo de mão de obra, porém, pressões de custos devido ao declínio dos preços e margens de lucro das *commodities* têm exigido excelência operacional cada vez maior. Este é o objetivo estratégico que muitas vezes motiva tecnólogos e líderes de pesquisa operacional a recomendarem a automação do trabalho. E eles conseguiram avanços significativos na automação de vários aspectos do processo de extração. Embora os benefícios estratégicos da tecnologia sejam fascinantes, eles dependem de mudanças profundas e radicais no trabalho e na empresa. As inovações tecnológicas exigem transformações no trabalho ao longo de todo o processo de extração. Funções podem ser reinventadas para se reduzir os riscos físicos e a probabilidade de acidentes com graves consequências bem como reinventar o trabalho de modo que ele seja menos repetitivo e mais atraente para talentos cada vez mais escassos.

Examinemos o trabalho de um operador de sonda de perfuração em uma plataforma para exploração de petróleo. Grande parte do trabalho é repetitivo, independente e físico. No passado, o uso em larga escala de equipamentos analógicos enfatizava a experiência e a especialização do operador de sonda em garantir uma operação da plataforma sem intercorrências. Como consequência desta centralização no homem, havia variações significativas no nível de produção de cada plataforma. Além disso, muitas vezes o operador de sonda de perfuração realizava manutenção tomando como base o seu *feeling* de quando o equipamento não estivesse operando de forma ótima. O controle da plataforma era depositado inteiramente em suas mãos. A natureza física do trabalho significava grande carga de trabalho e a exigência de poucas habilidades.

Esse tipo de trabalho é altamente compatível com a automação. O uso de sensores e IA possibilitam uma reinvenção radical do trabalho e da função de operador de sonda de perfuração. Atualmente os operadores de sonda não precisam mais ficar expostos ao sol ou à chuva, manipulando equipamentos por conta própria. Em vez disso, eles ficam sentados em cabines climatizadas. O trabalho deles agora é monitorar medidores digitais que controlam funções automatizadas sobre a plataforma real. Reinventar o trabalho dessa forma possibilita que algumas das tarefas do operador de sonda sejam transferidas para um centro de controle capaz de monitorar várias plataformas de uma só vez através do emprego de sensores e IA capazes de prever futuras manutenções ou prováveis variações na execução. Isso torna a execução operacional mais consistente. Não cabe mais exclusivamente ao operador decidir quando e como realizar manutenções, pois o uso de sensores e IA fornecem informações às equipes de manutenção especializadas de modo que estas possam saber o momento ideal e o tipo de manutenção a ser realizada. O trabalho do operador de sonda de perfuração foi reinventado e agora é mais intelectual e interativo. O trabalho é mais variado, já que a automação cuida das partes repetitivas, poupando o operador humano para situações únicas.

A Tabela 1-2 apresenta uma amostra de atividades ou tarefas de um operador de sonda de perfuração de poços de petróleo após a desconstrução do trabalho em tarefas. Ela classifica as diversas atividades tomando como base as categorias anteriormente mencionadas e avalia se o trabalho pode ser realizado *in loco* ou em lugar remoto. Finalmente, ela detalha o tempo gasto por dia em uma determinada atividade.

Como resultado da desconstrução da função, esta empresa foi capaz de identificar claramente como otimizar a aplicação da automação e entender como ela iria transformar várias atividades. A Tabela 1-3 detalha o resultado da desconstrução, automação e reconstrução do trabalho de operador de sonda de perfuração. A automação irá transferir minutos de trabalho para outras funções, ampliará, eliminará ou então criará novas atividades.

Como pode ser observado a partir deste exemplo, a desconstrução é um primeiro passo crítico para entender como usar a automação para transformar o trabalho. Mas o exercício não se limita a desconstruir funções para identificar oportunidades de substituição ou de ampliação; o exercício também revela novas funções a partir da automação. A análise começa com a compreensão do problema a ser resolvido. Nos próximos capítulos iremos detalhar nosso modelo em que a categoria "criação de novos trabalhos" é reflexo de dois tipos de resolução de problemas:

- Imaginar trabalhos que não podem ser concebidos sem a combinação de seres humanos e computadores.
- Redefinir o objetivo que passa a ser resolução do problema possibilita uma estreita ligação entre o trabalho e os problemas do usuário. (Ilustraremos isso em detalhes no Capítulo 5, quando exploraremos as implicações organizacionais da automação e discutiremos o intrigante caso da Haier).

Um artigo recente reforça nossa ideia de que as oportunidades a partir da automação vão além da mera substituição do trabalho humano no nível de tarefa, mas, pelo contrário, cria oportunidades para uma reconsideração mais abrangente de trabalho.[4]

TABELA 1-2

Exemplo de desconstrução das tarefas componentes do trabalho de um operador de sonda de perfuração de poços de petróleo

Nome da função	Padrão de execução	Detalhes da atividade	Classificação da atividade	Possíveis locais para desempenho da função	Alocação de tempo (em minutos gastos)
Operador de sonda de perfuração	Opera dentro de parâmetros de manobra preestabelecidos	O operador mantém condições de poço aberto	Repetitiva, independente, intelectual	*In loco* / Fora do local de operação	10
Operador de sonda de perfuração	Opera dentro de parâmetros de manobra preestabelecidos	O operador não ultrapassa parâmetros de *overpull*	Repetitiva, independente, física	*In loco* / Fora do local de operação	10
Operador de sonda de perfuração	Opera e utiliza guindastes, indicador de adensamento e freio auxiliar	O operador usa o freio de bombeamento mecânico ou *joystick* corretamente	Repetitiva, independente, intelectual	*In loco*	20
Operador de sonda de perfuração	Opera e faz a manutenção do acumulador, do sistema de prevenção contra erupção (obturador de segurança) e da válvula do estrangulador conforme procedimentos acordados	O operador verifica se o equipamento é mantido de acordo com os procedimentos especificados	Repetitiva, independente, física	*In loco*	4
Operador de sonda de perfuração	Opera e faz a manutenção do acumulador, do sistema de prevenção contra erupção (obturador de segurança) e da válvula do estrangulador conforme procedimentos acordados	O operador pode alinhar a válvula do estrangulador (regulador de vazão)	Repetitiva, independente, física	*In loco* / Fora do local de operação	4
Operador de sonda de perfuração	Monitora e registra volumes do tanque de manobra durante operações de manobra e reconhece eventuais deslocamentos volumétricos	O operador confirma que o poço está sendo monitorado corretamente para a operação que está sendo conduzida	Repetitiva, independente, intelectual	*In loco*	3
Operador de sonda de perfuração	Administra a limpeza e a organização do piso da plataforma	O operador comanda e orienta a tripulação para que mantenham os padrões de limpeza	Variável, interativa, física		10

TABELA 1-3

Transformação da função de operador de sonda de perfuração como consequência da automação

	Número de minutos para realizar a tarefa (tomando-se como base um turno de 12 horas)
Estado atual das atividades do trabalho de operador de sonda de perfuração	720
Mudança devido à adoção da IA e da robótica	
▪ Atividades transferidas para outras funções	(62)
▪ Atividades *ampliadas pela automação*	82
▪ Atividades eliminadas devido à automação	(65)
▪ Novas atividades criadas devido à automação	45
Estado futuro das atividades do trabalho de operador de sonda de perfuração	720

Vamos agora nos aprofundar em como a automação atuou em outros aspectos da cadeia de valor dos recursos naturais e apresentaremos alguns estudos de caso. A Tabela 1-4 sintetiza como a automação mudou várias funções no setor de extração de recursos naturais, com um estudo de caso real de cada uma das mudanças. O primeiro exemplo é aquele do operador de sonda de perfuração de poços de petróleo. Os mesmos padrões se verificam no trabalho de profissões relacionadas no setor, descritos em outros exemplos.

A reinvenção de funções é um fator vital na ligação do trabalho aos objetivos estratégicos das organizações e aspirações operacionais dos tecnólogos. A Pioneer Natural Resources, produtora de petróleo e gás norte-americana, alcançou os objetivos estratégicos e operacionais de reduzir tão drasticamente o número de dias necessários para perfurar novos poços a ponto de chegar a reduzir seus custos em 25% em poços concluídos. Em 2015, a empresa

TABELA 1-4

A automação e as profissões no setor de extração de recursos naturais

Fase/função	O que está mudando?	Estudos de caso
Operacional (operador de sonda)	Operações de extração podem ser realizadas por operadores de computador que se encontram a centenas ou milhares de quilômetros de distância, exigindo um novo conjunto de habilidades para monitorar e executar operações (como coordenação motora/visual e funções cognitivas avançadas). O transporte de minério pode ser realizado através de caminhões autônomos que oferecem maior precisão, tempo de trabalho prolongado, maior segurança e redução nos custos para provisão de mão de obra. *O trabalho físico e repetitivo é eliminado e transformado em trabalho intelectual e variável.*	▪ A Anglo-American introduziu a perfuração automatizada na África, tendo uma boa aceitação por parte dos trabalhadores. A perfuração automatizada acarreta muitos benefícios: os operadores de sonda de perfuração conseguem trabalhar a partir de uma central de comando limpa, segura e confortável em vez de uma mina poeirenta, com nível de ruído elevado e em condições imprevisíveis. ▪ Em 2013, a BHP Billiton inaugurou um Centro de Operações Remotas Integradas (IROC, em inglês) em Perth. O IROC dá à empresa uma visão em tempo real de toda a sua cadeia de suprimento de minério de ferro na Austrália Ocidental e permite a ela controlar remotamente sua mina, planta industrial fixa, bem como operações portuárias e de trens em Pilbara a partir de um único local centralizado.
Exploratória geólogo, agrimensor	A exploração é modernizada através do emprego de sensores, comunicação sem fio e computadores, possibilitando maior velocidade, custos menores e maior precisão. *Elimina trabalho físico e repetitivo ao mesmo tempo em que amplia a atividade cognitiva.*	▪ A Freeport-McMoRan usa drones para monitorar mais de perto e avaliar em tempo real paredões (de rocha) em minas ao dinamitar rochas para a construção de poços inclinados. Os drones são capazes de visualizar ângulos que os seres humanos não conseguem ver, atuando objetivamente. As decisões podem ser tomadas a partir de dados estruturais, produzindo leituras mais precisas e maior produtividade.
Processamento (engenheiro de qualidade)	Tecnologias para processamento aumentam a eficiência e a qualidade das operações, aumentando a velocidade e a qualidade do processo de refinação. *Elimina trabalho físico e repetitivo.*	▪ A Metso substitui o trabalho de inspetores humanos por sensores óticos e de calor para escanear a superfície de metais fundidos de modo a poder avaliar rapidamente a qualidade do aço e identificar automaticamente ajustes a serem feitos no processo que melhorem a qualidade do produto.

adicionou cerca de 240 poços à Permian Basin, no Texas, sem ter de contratar um funcionário a mais.[5] Isso exigiu a reinvenção de funções, conforme ilustrado na Tabela 1-4. Tal reinvenção, guiada pela desconstrução do trabalho, é essencial para atender aos desafios estratégicos de um ambiente altamente competitivo e pressionado pelos custos e também atingir os objetivos de aumento nos lucros e adequação à volatilidade nos preços.

Aquilo que começou com simples máquinas controladas remotamente para melhorar o controle das operações e reduzir a variação, evoluiu para integrar o trabalho a sensores, análise automatizada e máquinas habilitadas para IA que se adaptam a condições mutáveis. O trabalho também precisa evoluir similarmente e ser reinventado.

A Longa História da Desconstrução do Trabalho

Nos anos 1990, a reengenharia de processos de negócios colocou em xeque as bases do conceito de especialização nas profissões que caracterizara as empresas por mais de cem anos. Em seu artigo inspirador na *Harvard Business Review*, *"Reengineering Work: Don't Automate, Obliterate"* ("Reengenharia do Trabalho: Não Automatize, Elimine"), Michael Hammer, pai da reengenharia, disse:

> Os métodos usuais para aumento do desempenho (automação e racionalização de processos) não levaram aos ganhos extraordinários que as empresas precisavam. Particularmente, pesados investimentos em TI levaram a resultados decepcionantes (em grande parte devido às empresas apresentarem uma tendência a usar a tecnologia para mecanizar antigas formas de se fazer negócios). Elas deixam intactos os processos existentes e usam o computador simplesmente para acelerá-los... Mas a aceleração de tais processos não é capaz de resolver suas deficiências básicas em termos de execução. Muitos de nossos projetos de cargos, fluxos de trabalho, mecanismos de controle e estruturas organiza-

cionais atingiram sua maturidade em um ambiente competitivo diferente e antes do advento do computador. Eles são voltados para a eficiência e o controle. Mesmo assim, os lemas são inovação e velocidade, atendimento e qualidade. É chegada a hora de parar de pavimentar caminhos em terra batida onde o gado passava. Em vez de incorporar processos obsoletos às pastilhas de silício e ao *software*, temos de eliminá-los e começar do zero. Precisamos "fazer a reengenharia" de nossas empresas: usar o poder da tecnologia da informação moderna para redesenhar radicalmente nossos processos de negócios de modo a alcançarmos melhorias acentuadas no seu desempenho.[6]

TABELA 1-5

Reengenharia *versus* desconstrução

	Reengenharia	**Desconstrução**
Foco	Fazer com que os departamentos organizacionais trabalhem juntos através da reengenharia do *processo.*	Desconstruir as funções em seus elementos laborais básicos para depois reconstruí-las a fim de acelerar velocidade, inovação e qualidade.
Papel da automação	*Fator habilitador* da reengenharia através da melhoria no fluxo de informações e da integração entre os departamentos organizacionais.	*Elemento influenciador* fundamental da desconstrução e fonte alternativa de trabalho.
Papel da estratégia	Ponto de partida para a reengenharia e base para repensar os processos.	Ponto de partida para a desconstrução e base para repensar o trabalho.
Ambiente ótimo	Idealmente adequados para ambientes em que a ênfase é na exploração de curto prazo (alternativamente à exploração de longo prazo).	Relevante tanto para a exploração no curto prazo quanto no longo prazo ou inovação.

O que normalmente é negligenciado é o fato de que grandes avanços do passado na reengenharia de processos também se baseavam na *desconstrução do trabalho*, na reinvenção do trabalho e até mesmo na integração entre trabalho e automação, ainda que usando ferramentas de automação muito mais rudimentares do que aquelas disponíveis atualmente. (Veja a Tabela 1-5) O exemplo a seguir, do artigo de Hammer, ilustra isso de maneira esplêndida. Hammer faz referência ao grande sucesso obtido pela Mutual Benefit Life (MBL) através da reengenharia do seu processo de pedidos para contratação de seguro:

> A Mutual Benefit Life, 18ª no *ranking* das maiores seguradoras dos Estados Unidos, realizou uma reengenharia no processamento dos pedidos para contratação de seguro. Antes disso a MBL lidava com as propostas dos clientes de forma bem parecida com aquela de seus concorrentes. O processo longo e em várias etapas envolvia a avaliação creditícia, cotação de preços, avaliação de risco, subscrição e assim por diante. Uma proposta destas passava por 30 etapas distintas, envolvendo cinco departamentos e 19 pessoas. Na melhor das hipóteses, a MBL conseguia processar uma proposta em 24 horas, mas o tempo médio variava de 5 a 25 dias (a maior parte do tempo passando informações de um departamento para outro). Outra seguradora estimava que embora uma proposta de seguro levasse 22 dias para ser processada, na realidade trabalhava-se nela apenas 17 minutos. O rígido processo sequencial da MBL levou a várias complicações... Por exemplo, quando um cliente quisesse resgatar uma apólice existente e adquirir uma nova, o departamento responsável da antiga companhia teria que, primeiramente, autorizar a sua tesouraria a emitir um cheque pagável à MBL. O presidente da MBL, no intuito de melhorar o atendimento ao cliente, decidiu que este absurdo deveria ser eliminado e exigiu um aumento de 60% na produtividade. Ficava claro que uma meta tão ambiciosa assim exigiria mais do que fazer simples ajustes no processo existente. Medidas drásticas se faziam necessárias e a equipe gestora alocada para a tarefa via na tecnologia um meio para se atingir os objetivos. Eles se deram conta de que bancos de dados compartilhados e redes de computadores poderiam disponibilizar diferentes tipos de informação para uma única pessoa, ao passo que sistemas especializados

> poderiam ajudar as pessoas com experiência limitada a tomarem decisões embasadas. A aplicação dessas ideias levou a uma nova abordagem ao processo de tratamento de propostas para contratação de seguro, uma com amplas implicações organizacionais e parecendo-se muito pouco com a antiga maneira de se fazer negócios. A MBL eliminou as descrições de cargos e fronteiras departamentais existentes e criou um novo cargo denominado gerente de caso. Estes gerentes tinham total responsabilidade por uma proposta de seguro desde o momento em que esta era recebida até o momento em que a apólice fosse emitida... Diferentemente de um assistente administrativo, que realizava uma tarefa fixa repetidamente sob o olhar atento de um supervisor, os gerentes de caso trabalhavam de forma autônoma. Acabou o repasse de arquivos e transferência de responsabilidades, ninguém mais ficava folheando pedidos de clientes. Os gerentes de caso eram capazes de realizar todas as tarefas associadas a uma proposta de seguro, pois tinham o apoio de potentes estações de trabalho baseadas em PC que rodavam um sistema especializado e que se conectava a uma série de sistemas automatizados em um *mainframe*... Em casos particularmente difíceis o gerente de caso poderia solicitar a ajuda de um analista de subscrições sênior ou de um médico, mas estes especialistas trabalhavam apenas como consultores e conselheiros para os gerentes de caso, que nunca abdicavam do controle do processo. Empoderar indivíduos para processarem as propostas por inteiro teve um tremendo impacto nas operações. A MBL agora é capaz de gerar algumas propostas em apenas quatro horas e com tempo médio de dois a cinco dias. A companhia eliminou cem postos de trabalho no escritório local e os gerentes de caso conseguem lidar com um volume duas vezes maior de novas propostas do que a companhia conseguia processar anteriormente.[7]

Observe que os objetivos estratégicos que motivaram a reengenharia (custos, confiabilidade e eficiência) exigiram que o cargo de gerente de caso fosse reinventado, assim como as demais funções relacionadas. Note como o processo de reengenharia exigiu a reinvenção do cargo primeiramente através de sua desconstrução para depois transferir certas partes para a automação (PCs e bancos de dados existentes), mantendo outras partes como eram anteriormente e adicionando novos trabalhos que exigem assumir total responsabilidade do processamento de caso.

O ponto é que praticamente todas as empresas vinham usando a reengenharia há um bom tempo. Isso muito provavelmente exigia, de modo otimizado, a desconstrução e a reinvenção das funções. Atualmente, tal reinvenção estratégica poderia usar ferramentas de automação mais avançadas. Poderíamos usar RPA e IA para grande parte da coleta, análise e processamento dos dados, deixando para o gerente de casos a revisão das recomendações feitas automaticamente. Em vez de se construir onerosos bancos de dados e redes para integrar todos os dados em uma única fonte, a combinação de RPA e IA poderia coletar os dados automaticamente de múltiplas fontes de dados independentes e aplicar reconhecimento de padrões para analisar dados estruturados e não estruturados através do processamento de uma linguagem natural.

Todavia, seja na reengenharia de processos ou na otimização via automação, o papel fundamental da desconstrução e reinvenção do trabalho é muito similar. Caso sua empresa tenha feito uma reengenharia dos processos, muito provavelmente ela fez uma desconstrução e reinvenção de funções. Hoje é possível otimizar essas capacidades a serviço da automação do trabalho, da mesma maneira que foram usadas para otimizar a reengenharia de processos.

Desconstruir as funções em suas diversas tarefas revela os padrões de trabalho necessários para otimizar a automação. O estudo de 2017 de Willis Towers sobre o futuro do trabalho identificou a desconstrução como uma das duas maiores oportunidades futuras de melhorar a condição de as empresas estarem preparadas para a automação. Porém, a desconstrução para a identificação da compatibilidade é apenas o início. Uma segunda questão vital é saber quais benefícios podem ser gerados através da automação do trabalho. Essa questão leva em conta as mesmas tarefas laborais desconstruídas e identifica o valor de um melhor desempenho. Este é o tópico do próximo capítulo.

CAPÍTULO 2

Avaliando a Relação entre Desempenho das Tarefas e Valor Estratégico

Quais os Benefícios da Automação?

Objetivos estratégicos fundamentais como agilidade, receptividade por parte do cliente, controle de custos e inovação orientam as decisões referentes à automação. Em geral, os líderes assumem que a automação, por si só, gera estes resultados, mas, na realidade, eles dependem da execução. A execução se dá ao longo de todo o trabalho e da forma como ele é organizado. Isso é óbvio, mas melhorar a execução de todo o trabalho é igualmente útil? Não. Melhorar certas áreas fundamentais da execução do trabalho pode ter um impacto enorme nos objetivos estratégicos, mas quando se faz o mesmo em outras áreas o efeito pode ser mínimo.

Conforme explicam John Boudreau e Peter Ramstad no livro *Beyond HR*, otimizar a relação entre objetivos estratégicos e trabalho requer o entendimento de como um melhor desempenho das tarefas realmente agrega valor. Exige também investir no desempenho das tarefas tomando como base esse valor. Infelizmente, a maior parte das estratégias carece deste entendimento profundo sobre o trabalho, dependendo de investimentos genéricos em pessoas. A abordagem genérica produz melhorias genéricas no trabalho, sem sintonia com os objetivos estratégicos.

O mesmo se aplica à automação do trabalho. A automação só consegue atingir seus objetivos estratégicos quando a organização investe nas atividades que geram os melhores benefícios. Estes benefícios refletem exclusivamente os objetivos estratégicos, recursos, processos e a cultura da organização. Investimentos genéricos em automação do trabalho, além de um desperdício, são potencialmente danosos.

Portanto, colher os frutos e mitigar os riscos de sua estratégia requer responder as seguintes questões:

- Deve-se automatizar todos os elementos laborais em uma função como um todo? Isso estaria de acordo com a ideia clássica de os robôs substituírem os trabalhadores.
- Deve-se automatizar os elementos laborais que consomem mais tempo? Isso eliminaria custos com mão de obra, porém, poderia reduzir a produtividade e aumentar o risco caso essas tarefas precisem de um toque humano.
- Deve-se automatizar os elementos laborais em que os seres humanos são menos capazes? Isso estaria de acordo com a ideia de que as pessoas deveriam realizar o trabalho mais "humano", porém, o trabalho trivial poderia ser mais produtivo, menos arriscado ou menos custoso se fosse feito por humanos.

Nenhuma dessas questões simples capta adequadamente as necessárias contrapartidas, já que nem todas as tarefas desenvolvidas no trabalho resultam nos mesmos benefícios. Algumas tarefas geram um alto retorno apenas quando executadas muito bem. Outras tarefas prejudicam o valor e a marca da empresa quando ficam abaixo de certo padrão. Já outras não fazem diferença alguma em termos de valor mesmo quando são realizadas de formas diversas.

Como entender melhor essas diferenças e o possível papel da automação na otimização do desempenho? O segredo está em definir claramente a relação entre o desempenho no trabalho e o valor que ele gera, o chamado ROIP (*return in improved performance*, ou seja, retorno sobre um melhor desempenho).

Consideremos o trabalho de um diretor científico em uma indústria farmacêutica. Se perguntarmos: "Qual o valor de um melhor desempenho na função?", não seremos capazes de responder a questão pois a função envolve um grande número de elementos. Um deles é a pesquisa, em que o desempenho pode variar de moderado (estar ciente de pesquisas de ponta) a excelente (ser um grande pensador que publica resultados de pesquisas inovadoras). Outro elemento laboral é a liderança de equipes, em que o desempenho pode variar de moderado (fornecer informações à equipe) a excelente (criar colaboração que transforma ideias inovadoras em fórmulas de medicamentos exclusivas). O valor das diferentes tarefas depende dos objetivos estratégicos. Para empresas que já possuem um grande número de ideias revolucionárias, o objetivo estratégico da inovação é mais bem aperfeiçoado por um cientista-pesquisador que seja eficiente na liderança de equipes e moderado em pesquisas. Ao contrário, quando uma organização já possui processos em equipe funcionando bem, o objetivo estratégico da inovação tem um ganho maior quando feito por um pesquisador que é excelente em pesquisa e mediano na liderança de equipes.

A ROIP aplicada a tarefas laborais desconstruídas revelam os padrões de benefícios que associam o desempenho das tarefas a objetivos estratégicos. Voltemos ao caso do caixa automático para ver como isso funciona.

Caixas Automáticos, o Trabalho dos Caixas e o ROIP

Decompor o trabalho em suas tarefas revela muito mais opções do que se imagina, quando se pensa simplesmente em "substituir caixas humanos por caixas automáticos". Mas agora temos um novo dilema: escolher entre as opções disponíveis exige a identificação de quais delas são as mais importantes, como elas geram benefícios e qual deve ser a sua prioridade.

A forma como o trabalho é executado dá retorno de várias maneiras e que variam entre as tarefas contidas em um dado trabalho. Algumas tarefas criam valor por evitar erros, e não por apresentar desempenho acima de um dado padrão. Verificar se uma conta tem fundos suficientes para cobrir um saque é fundamental, mas a partir do momento que se sabe que há fundos suficientes, há pouco ganho adicional em ser mais preciso sobre a quantia disponível ou tipos de fundos. Outras tarefas criam valor adicional a partir de cada melhora incremental na execução. Ao recomendar serviços bancários adicionais, cada incremento na precisão das informações e no entusiasmo do caixa agrega valor adicional. Para certas tarefas, formas diferentes na sua execução não criam uma vantagem maior. Conversar com os clientes de maneira agradável e amigável pode ser feito de diversas formas, porém, cria o mesmo valor.

Se aplicarmos o conceito de ROIP ao dilema dos caixas automáticos, poderíamos identificar formas de compensação diferentes para os diversos elementos laborais (veja a Tabela 2-1).

Automatizar certas tarefas reduziria o risco, automatizar outras aumentaria gradativamente a qualidade e automatizar ainda outras reduziria a variação, não agregando nenhum valor. Cada tipo de ROIP implica em um benefício diferente. O ROIP interliga os objetivos estratégicos à real execução das tarefas; portanto, agora a análise dos benefícios gerados pode ser mais precisa.

TABELA 2-1

ROIP para as tarefas de um caixa de banco

Elementos laborais do trabalho de um caixa de banco	ROIP (retorno sobre um melhor desempenho)
Cumprimentar e recepcionar o cliente.	Diversas formas diferentes, mesmo valor.
Ouvir a solicitação do cliente que quer fazer uma retirada em dinheiro.	Evita erros.

TABELA 2-1

ROIP para as tarefas de um caixa de banco (*continuação*)

Verificar se na conta do cliente há fundos suficientes para cobrir o saque.	Evita erros.
Processar a retirada para debitar a conta do cliente.	Evita erros.
Contar as cédulas e entregar o dinheiro ao cliente.	Evita erros.
Alertar o cliente quando o saldo de sua conta for insuficiente para cobrir a operação.	Evita erros; um desempenho muito alto pode evitar a possível perda de um cliente.
Iniciar uma conversa com o cliente.	Várias formas diferentes; mesmo valor.
Detectar a receptividade do cliente por serviços bancários adicionais.	Melhor desempenho produz aumentos incrementais de valor
Recomendar e descrever outros serviços oferecidos pelo banco.	Melhor desempenho produz aumentos incrementais de valor.
Passar o cliente para outros funcionários do banco para serviços e produtos adicionais.	Diversas formas diferentes, mesmo valor.
Colaborar com o pessoal do banco que cuida da linha de produtos e informar os gerentes para melhoria nos produtos e processos.	Pouco risco de prejuízos devido a um desempenho sofrível, valor moderado para um desempenho mediano, valor muito alto para inventividade exemplar.

Portanto, o ROIP também é fundamental na automatização de trabalho estratégico. Se aplicássemos a automação à função de cientista-pesquisador, ser razoavelmente bom em pesquisa significa estar atento às recentes descobertas publicadas em periódicos; logo, um alerta automatizado sobre pesquisas fornece o benefício ótimo. Nesse caso, a automação reduz a chance de se perder uma publicação importante, embora isso não vá promover grandes avanços. Por outro lado, ser excelente em pesquisa significa gerar descobertas inovadoras, de modo que este resultado irá exigir formas de automação do trabalho diferentes, usando IA altamente avançada que é capaz de observar e interagir com os pesquisadores, aprendendo os padrões que levam a novas descobertas relevantes. O ROIP define os benefícios obtidos com a automação do trabalho e sua contribuição para os objetivos estratégicos.

Quatro Curvas de ROIP Fundamentais

A ROIP pode assumir muitas formas, mas podemos ilustrar o poder deste conceito através de quatro relações prototípicas. Usaremos a elaboração de declarações de imposto de renda como exemplo, observando que tais padrões existem praticamente em todo tipo de trabalho.

Na Figura 2-1, o eixo vertical representa o valor do desempenho das tarefas para a organização e o eixo horizontal representa o nível de desempenho. A altura da curva mostra o ROIP para um determinado nível de desempenho. A curva ROIP é dividida em quatro seções, representando quatro curvas prototípicas.

FIGURA 2-1

Etapa 2: Avaliar o ROIP

ROIP para o espectro completo de nível de desempenho potencial

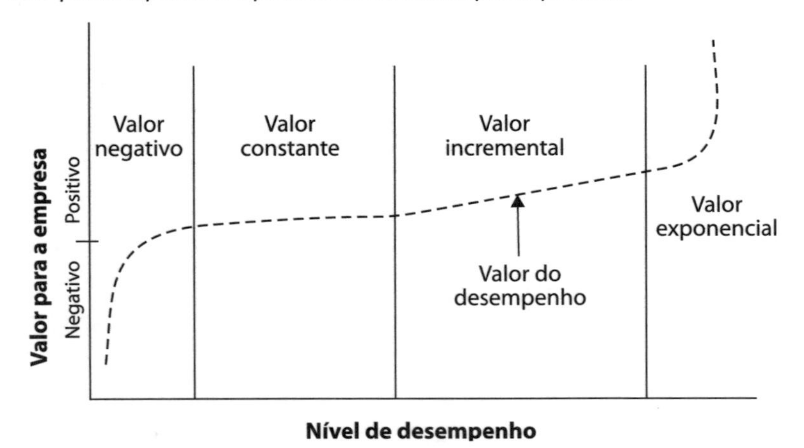

Valor Negativo: Reduz Erros

A parte esquerda do gráfico mostra o retorno sobre um melhor desempenho variando de níveis muitos baixos que geram valores negativos até o nível minimamente aceitável. Os benefícios obtidos com as melhorias no desempenho nesta faixa é o de reduzir o valor negativo. Para a elaboração de declarações de imposto de renda, esta faixa incluiria desempenho num nível muito baixo, com vários erros ou descumprimento de prazos. A parte mais alta desta faixa não significa desempenho excelente, mas sim um nível de desempenho minimamente aceitável que gere um pequeno valor estratégico positivo. Para a elaboração de declarações de imposto de renda, isso seria completar os formulários corretamente e no prazo estabelecido.

Valor Constante: Reduz a Variação

A segunda parte do gráfico mostra o intervalo de ROIP em que o melhor ou o pior desempenho tem pouco impacto sobre o valor estratégico. Diferenças de desempenho neste intervalo produzem todas os mesmos valores. No caso da elaboração de declarações de imposto de renda, este intervalo incluiria completar o formulário antes ou até a data preestabelecida. Um desempenho melhor (ter o formulário completado bem antes do prazo) não agrega mais valor do que completar o formulário exatamente na data estabelecida. Este intervalo também poderia refletir em precisão, sem ter efeito material sobre o resultado do imposto calculado, tal como a diferença entre calcular valores até a casa dos centavos quando o formulário exige o preenchimento até a casa do inteiro mais próximo. A curva de valor constante geralmente reflete tarefas laborais com muitas maneiras de se atingir o objetivo como, por exemplo, trabalhadores diferentes poderiam montar os componentes em sequências diferentes, porém, a montagem final é, basicamente, idêntica. Ou diferentes atendentes de *call center* poderiam falar o nome de um cliente de uma a três vezes, mas isso não faz a menor diferença em termos de satisfação do cliente com o atendimento.

Valor Incremental: Melhoria Uniforme

A terceira parte do gráfico mostra o intervalo ROIP em que cada melhora no desempenho produz um aumento incremental uniforme no valor estratégico. No caso do preenchimento do formulário de imposto de renda, esta faixa de ROIP poderia refletir um melhor desempenho na clareza e qualidade gramatical da carta-resumo que acompanha o formulário de imposto de renda do cliente. Uma carta minimamente clara atende ao requisito mínimo, mas se a carta for escrita de forma ainda mais clara e/ou indicar os pontos mais importantes, isto é incrementalmente valioso para o cliente e para a empresa. Outro exemplo poderia ser quando um atendente de *call center*, aos poucos, persuade clientes a comprarem mais coisas do que estes haviam planejado sugerindo vantagens e recursos adicionais ou uma entrega mais rápida.

Valor Exponencial: Desempenho Extraordinário

Finalmente, a parte mais à direita do gráfico mostra um intervalo de ROIP em que um melhor desempenho aumenta o valor exponencialmente. Esse intervalo normalmente representa um desempenho muito raro ou criativo que surpreende e encanta o cliente ou melhora um processo de modo disruptivo. No caso da elaboração de declarações de imposto de renda, esta faixa de ROIP poderia refletir uma oportunidade em que o contador descobre uma dedução de imposto ou um método muito intricado de fazer uma declaração retificadora de modo a reduzir significativamente o imposto devido. Outro exemplo seria quando um atendente de loja ou de *call center* descobre informações obscuras sobre um cliente que revela uma necessidade incomum por produtos ou serviços que trariam muito mais dinheiro para a empresa. Nesta faixa de desempenho, inovações revolucionárias geram grandes retornos como, por exemplo, quando bioquímicos fazem descobertas para o tratamento de doenças raras ou críticas, ou quando mídias feitas para as redes sociais viralizam na Internet.

ROIP e Desempenho Estratégico em Atividade com Contato Direto com o Público: McDonald's *versus* Starbucks

No livro *Beyond HR*, John Boudreau e Peter Ramstad sugerem que o ROIP é capaz de explicar como as diferentes estratégias adotadas por McDonald's e Starbucks demonstram o valor do desempenho de seus atendentes de loja.[1] As suas descrições de cargos são similares. Ambas as funções envolvem a interação com clientes, lidar com pagamentos, trabalho em equipe, apresentar um atendimento confiável e preparar e emitir pedidos corretamente. Mas a análise ROIP revela diferenças estratégicas ocultas e importantes.

O McDonald's e o Starbucks adotam um comportamento concorrencial diverso. O McDonald's é conhecido por sua consistência e agilidade. Suas lojas automatizam muitas das principais tarefas de preparação das refeições, interação com o cliente e funções de equipe. O McDonald's atribuiu números a seus produtos, de modo que os seus funcionários precisam apenas digitar o número na caixa registradora para fazer o pedido do cliente e calcular o preço devido. Os clientes do McDonald's normalmente fazem os seus pedidos apenas dizendo: "Quero um número 3 com Coca grande".[2]

Trata-se de uma ótima estratégia para o McDonald's, pois ele pode contratar e empregar uma gama diversa de funcionários em suas lojas. O desenho de cargos minimiza os erros. Entretanto, a oportunidade para desempenhos extraordinários também é baixa. O intervalo de ROIP para funcionários do McDonald's é um valor negativo e constante.

Comparemos a situação anterior com o Starbucks, onde seus *baristas* formam um grupo com vários talentos. O atrativo do Starbucks em ser um local ideal para encontrar pessoas e trabalhar deve-se em parte a interessantes e extensas interações com os seus *baristas*. Alguns são cantores líricos que cantam os pedidos. Seus estilos estão claramente evidentes e vão do gótico ao *country* ou ao *hipster*. O Starbucks conta com essa diversidade como parte de sua imagem.[3] Isso dá aos *baristas* grande liberdade para interagir, fazer gracejos e bater papo com o cliente. O intervalo do ROIP para o Starbucks é amplo e abrange valores incrementais e até mesmo exponenciais, mas também valores negativos. Há um desempenho positivo maior, porém, isso também dá margem a uma maior ocorrência de erros. Essa maior margem para erros é o preço que o Starbucks paga para ganhar a oportunidade de conseguir valores extraordinários. (Veja a Figura 2-2)

O McDonald's projeta os seus processos de trabalho de modo a manter uma distribuição muito estreita (indicado pela seta inferior da figura). Ele se resguarda do baixo desempenho, restringindo o intervalo de desempenho, pois sua estratégia não exige atendimento criativo na parte superior da escala de desempenho. O McDonald's quer alto desempenho na função, porém sua definição de "alto" fica restrita a uma faixa estreita. Já o Starbucks aceita, e até mesmo encoraja, uma ampla gama de níveis de atuação, pois a sua forma de concorrer cria um elevado ganho obtido com inovação extraordinária (a seta de cima, na figura). O Starbucks também quer se salvaguardar do baixo desempenho, porém, se ele quiser a ponta, talvez precise aceitar correr certos riscos na faixa inferior. Por exemplo, alguns clientes podem se sentir incomodados caso o cantor lírico se empolgue demais, porém, o Starbucks não pode simplesmente dizer "sem cantoria", como o McDonald's pode. O Starbucks tem de dar uma oportunidade ao cantor de tentar deleitar o cliente.

FIGURA 2-2

Análise ROIP para atividade com contato direto com o público: McDonald's *versus* Starbucks

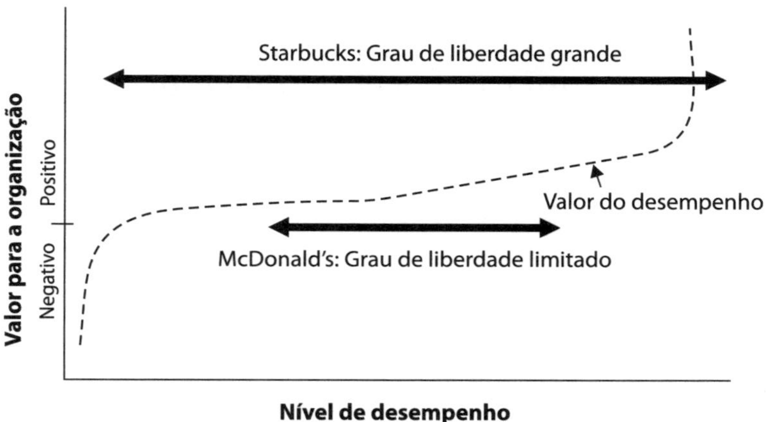

Como isso revela diferentes soluções para a otimização do trabalho no McDonald's quando contrastado com o Starbucks? O McDonald's usa intensivamente sistemas de pedidos automatizados e automação dos processos na cozinha para minimizar as variações, atingindo o mesmo resultado com opções limitadas. O Starbucks também possui sistemas de pedidos automatizados, mas este deve englobar uma grande gama de opções para o cliente, dependendo do atendente (ser humano) interpretá-los e executá-los. Quando o Starbucks introduziu sistemas que permitiam ao cliente fazer pedidos *on-line* antes destes sistemas chegarem às lojas, alguns clientes das lojas físicas se sentiram ofendidos pelo fato de os *baristas* estarem tão ocupados preenchendo esses pedidos *on-line* a ponto de não terem tempo de bater papo com eles. A automação do Starbucks deve equilibrar eficiência e escala de uma maneira muito diferente, através da interação com o cliente. De fato, a automação inovadora do Starbucks poderia usar algoritmos para recapitular e comunicar detalhes sobre as preferências do cliente como músicas favoritas, nomes dos filhos e assim por diante, de modo que os atendentes possam estar imediatamente familiarizados com clientes costumeiros.

Aplicando a Desconstrução e o ROIP a Pilotos e Comissários de Bordo

Usaremos o exemplo de pilotos de aeronaves e comissários de bordo aqui e no Capítulo 4 para ilustrar como as etapas do modelo se combinam. Aplicaremos a desconstrução do trabalho e o ROIP a essas funções.

Os pilotos são um celeiro de talentos crítico para uma companhia aérea e operar a aeronave é uma tarefa laboral vital. Apliquemos a análise ROIP a essa tarefa. Na Figura 2-3, a tarefa de operar a aeronave tem uma curva ROIP que varia de valores negativos a um valor constante. Operar a aeronave com um alto padrão de desempenho atinge o valor pleno. Um maior desempenho não irá levar a valor estratégico adicional, porém, ter até mesmo apenas um piloto com desempenho abaixo dos padrões exigidos pode ter um impacto extremamente negativo. É por isso que as companhias aéreas investem em planos de carreira alongados para os pilotos. Por exemplo, são necessários vinte anos para passar do assento direito de um Embraer 175, realizando voos de curto percurso, para o assento esquerdo de um Boeing 747 atravessando o Pacífico. As companhias aéreas investem em tecnologia para a cabine de pilotagem bem como em treinamento e desenvolvimento (por exemplo, a exigência de um número mínimo de horas em simuladores de voo) de modo a garantir que o desempenho da função não fique abaixo do padrão exigido.

Comparemos agora a curva ROIP para pilotos em relação àquela para os comissários de bordo, também ilustrada na figura. À medida que as companhias aéreas buscam agregar valor através da diferenciação da experiência do cliente (particularmente para passageiros da primeira classe), os comissários de bordo são a imagem da empresa. Os comissários que alcançarem um desempenho maior no elemento laboral de atendimento dos passageiros agregam grande valor estratégico. O desempenho dos comissários no elemento citado anteriormente abrange o espectro completo de ROIP. Na faixa intermediária de desempenho, trata-se de uma curva ROIP com valores incrementais. Já nos níveis de alto desempenho como, por exemplo, oferecer um serviço não usual que agrade o cliente, a companhia aérea alcança um ROIP de valor exponencial. O desempenho dos comissários também inclui a faixa com valores negativos para o ROIP, na parte esquerda do gráfico, pois os comissários de bordo devem evitar erros. O lado esquerdo da curva ROIP para comissários é bem parecido com aquele dos pilotos. Entretanto, diferentemente do desempenho da função de piloto, um melhor desempenho por parte dos comissários, superando o mínimo exigido, acrescenta valor significativo.

FIGURA 2-3

ROIP para pilotos x comissários

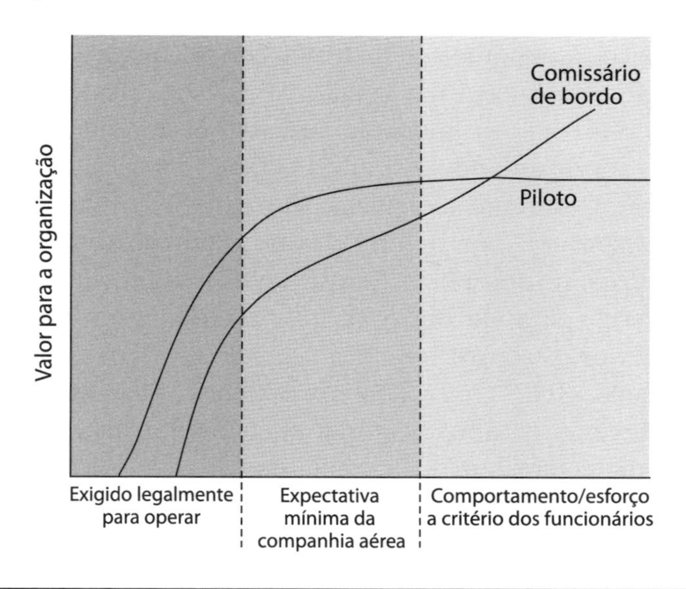

Desconstrução, ROIP e Automação do Trabalho

Elementos laborais desconstruídos combinados com as quatro curvas ROIP revelam visões mais profundas sobre a otimização do trabalho e da automação que vão além das descrições de cargos que assumem ROIP incremental para todas as tarefas laborais. Entretanto, isso é apenas o começo.

No próximo capítulo, apresentamos um modelo que descreve várias categorias de automação. Quando aplicamos essas categorias de automação às quatro diferentes curvas ROIP, revelamos novas opções de automação do trabalho e o valor relativo destas opções fica mais claro. Este modelo revela respostas melhores e com um grau de nuance maior às perguntas: "Como aplicar os rápidos avanços da IA para aumentar ainda mais o impacto destas funções?", "Deve a automação do trabalho meramente reduzir os custos com mão de obra ou aumentar o desempenho dos trabalhadores humanos ou, então, ambos?".

Podemos imaginar centenas de opções de automação do trabalho como, por exemplo, dar aos comissários de bordo óculos preparados para atuar com IA e que mostrem os nomes e as preferências do passageiro, bem como seu histórico com a companhia. Imagine os comissários usando uma versão do Google Glass, através dos quais poderiam acessar dados do cliente e preferências personalizadas. Não servir amendoim para o Charles no assento 3C já que este apresenta sintomas alérgicos a este tipo de alimento, mas sim cafezinho, além de ele ser uma pessoa predisposta a fazer compras (*duty-free*) no aeroporto. Servir jantar mais cedo para a Sarah no assento 2A para ela poder dormir rapidamente. Isso poderia possibilitar que os comissários fornecessem serviços inovadores ao longo da curva ROIP com valores exponenciais. No lado esquerdo da curva de desempenho, a companhia aérea poderia instalar sensores automatizados que detectam cintos de segurança não apertados ou bagagem bloqueando o corredor, o que garantiria de modo mais confiável o atendimento às normas mínimas de segurança e exigências legais.

Isso reduziria os erros dos comissários no intervalo negativo do ROIP e os deixaria livres para focar em atendimento altamente personalizado no intervalo com valores exponenciais da curva ROIP.

Para os pilotos, a robótica social poderia modificar o intervalo com valores negativos da curva ROIP. A aeronave poderia se tornar um robô colaborativo pilotado remotamente, com pilotos e copilotos na cabine substituídos por um piloto humano extremamente bem preparado que supervisionaria vários voos a partir de uma torre de controle de tráfego aéreo, intervindo quando da ocorrência de um imprevisto que exigisse capacidades que vão além daquelas de um piloto-robô. Isso possibilitaria alavancar a experiência e o *insight* do celeiro restrito de pilotos talentosos de forma mais eficiente. O resultado líquido desta redução seria uma redução dos custos com mão de obra (já que menos pilotos são necessários) bem como uma redução do risco de acidentes.

Assim que as duas primeiras etapas tiverem sido completadas (desconstruir as funções em tarefas e analisar o ROIP para essas tarefas) será possível escolher as melhores entre as opções de AI. Isso exige elucidar os diferentes tipos de automação (Capítulo 3) para então combinar ROIP e automação para reinventar e otimizar o trabalho (Capítulo 4).

CAPÍTULO 3

Identificando as Opções

Que Tipo de Automação é Possível?

Ao tomar decisões relativas à automação, a maioria dos líderes começa com este terceiro passo. Mas, na verdade, não é possível escolher entre as opções existentes e tomar decisões até que tenham sido considerados os elementos laborais e a ROIP (retorno sobre um melhor desempenho). Uma vez que isso tenha sido feito, ficará mais fácil identificar quais opções de automação são as mais indicadas. Retornemos ao exemplo dos caixas automáticos para ver como isso funciona.

Otimizando a Automação do Trabalho Bancário

Tarefas laborais e funções mais precisas que valem a pena automatizar nos informam quais trabalhos automatizar e por que, porém, ainda assim se faz necessário decidir *como* automatizar. Isso exige a identificação dos diferentes tipos de automação e sua aplicabilidade.

O trabalho e a automação mudam quase diariamente e, portanto, qualquer modelo para descrever a automação é, por definição, incompleto e precisa ser modificado ao longo do tempo. Iremos analisar a automação usando três categorias largamente aceitas e indicadas a seguir:

- **Automação de Processos via Robótica (RPA, em inglês):** usada para tarefas rotineiras de baixa complexidade e em grandes volumes. Ela é particularmente eficaz nos casos em que dados precisam ser transferidos de um sistema de software para outro, mas não requer aprendizado a partir de interações.
- **Automação cognitiva, IA, aprendizagem de máquina (machine learning, em inglês):** usadas em tarefas não rotineiras, complexas, criativas e normalmente exploratórias. São particularmente eficazes no reconhecimento de padrões e na compreensão do significado em *big data* e nos casos em que o aprendizado requer interações.
- **Robótica social ou colaborativa:** usada em tarefas colaborativas, tanto para tarefas rotineiras quanto não rotineiras. Os robôs são móveis e se movem pelo mundo cotidiano; são programáveis e se adaptam a novas tarefas.

Cada um desses tipos de automação é adequado a um tipo de tarefa laboral diferente e fornece um tipo diferente de benefício. Agora, com o trabalho desmembrado em tarefas, com a ROIP identificada e as três opções de automação descritas, podemos juntar isso para otimizar a automação de cada tarefa, de modo a obter o ganho adequado para então reinventar o trabalho e sua organização e o contexto da liderança.

Reinventando o Trabalho para Otimizar a Automação do Trabalho

No trabalho de caixa de banco, algumas das tarefas laborais são muito repetitivas e exigem pouco raciocínio (contar o dinheiro) e, portanto, são ideais para a automação de processos por robótica.

Outras são muito variáveis e exigem uma grande dose de raciocínio (colaborar com *designers* de produtos), em que a IA poderia melhorar o processo. Algumas envolvem a substituição de seres humanos pela automação (por exemplo, verificação de saldos bancários), ao passo que outras ampliam a capacidade dos humanos (por exemplo, recomendar serviços bancários, porém a IA é capaz de identificar os melhores serviços e dar as recomendações apropriadas). Um processo rotineiro (contar as cédulas e entregar o dinheiro ao cliente) pode cumprir algumas tarefas, ao passo que outras são mais bem cumpridas automatizando-se a cognição para detectar padrões, identificar a melhor opção ou dar recomendações (prever a receptividade do cliente por serviços bancários adicionais). Já em outras áreas, a automação pode criar novos tipos de trabalho (por exemplo, ajudar os clientes remotamente à medida que eles se relacionam com o banco, sem ter a necessidade de ir até uma agência).

Agora podemos ver mais claramente como determinados tipos de automação se aplicam melhor a elementos laborais com certas características e ROIP. E podemos definir mais precisamente as implicações custo-qualidade-risco das combinações de tarefas, ROIP e automação. A Tabela 3-1 mostra como deveríamos definir as combinações ideias de automação do trabalho.

Podemos ver claramente uma função reinventada que costumava ser aquela do caixa de banco. Conforme previam os tecnólogos, um grupo de tarefas é automatizado de forma ideal substituindo-se seres humanos por caixas automáticos (automação de processos). Entretanto, tais tarefas são apenas um subconjunto do "trabalho" reinventado do caixa de banco. Para muitos elementos laborais, os trabalhadores humanos continuam a ser a melhor solução. Já para outras tarefas, a função reinventada combinará seres humanos e automação.

TABELA 3-1

Combinações ideais da automação do trabalho

		Características do Elemento Laboral				
Tarefas ou elementos laborais do trabalho de um caixa de banco	**ROIP (retorno sobre um melhor desempenho**	**Repetitivas *versus* variáveis**	**Independentes *versus* interativas**	**Físicas *versus* intelectuais**	**Impacto da automação: substitui, amplia, cria**	**Tipo de automação**
Cumprimentar e recepcionar o cliente.	Diversas formas diferentes, mesmo valor	Repetitivas	Interativas	Intelectuais	Amplia	Automação cognitiva
Ouvir a solicitação do cliente que quer fazer retirada de dinheiro.	Evita erros.	Repetitivas	Interativas	Intelectuais	Substitui	Automação de processos
Verificar se na conta do cliente há fundos suficientes para cobrir o saque.	Evita erros.	Repetitivas	Independentes	Intelectuais	Substitui	Automação de processos
Processar a retirada para debitar a conta do cliente.	Evita erros.	Repetitivas	Independentes	Intelectuais	Substitui	Automação de processos
Contar as cédulas e entregar o dinheiro ao cliente.	Evita erros.	Repetitivas	Independentes	Físicas	Substitui	Automação de processos
Alertar o cliente quando o saldo de sua conta for insuficiente para cobrir a operação.	Evita erros; um desempenho muito alto pode evitar a possível perda de um cliente.	Variáveis	Interativas	Intelectuais	Amplia	Automação cognitiva
Entabular uma conversa com o cliente.	Várias formas diferentes; mesmo valor.	Variáveis	Interativas	Intelectuais	Amplia	Automação cognitiva

TABELA 3-1

Combinações ótimas da automação do trabalho (*continuação*)

		Características do Elemento Laboral				
Detectar a receptividade do cliente por serviços bancários adicionais.	Melhor desempenho produz aumentos incrementais de valor.	Variáveis	Interativas	Intelectuais	Amplia	Automação cognitiva
Recomendar e descrever outros serviços oferecidos pelo banco.	Melhor desempenho produz aumentos incrementais de valor.	Variáveis	Interativas	Intelectuais	Amplia	Automação cognitiva
Passar o cliente para outros funcionários do banco para serviços e produtos adicionais.	Diversas formas diferentes, mesmo valor.	Repetitivas	Interativas	Intelectuais	Amplia	Automação cognitiva
Colaborar com o pessoal do banco que cuida da linha de produtos e informar os gerentes para melhoria nos produtos e processos.	Pouco risco de prejuízos devido a um desempenho sofrível, valor moderado para um desempenho mediano, valor muito alto para inventividade exemplar.	Variáveis	Interativas	Intelectuais	Amplia	Automação cognitiva
Auxílio ao cliente e suporte via tecnologia.	Melhor desempenho produz aumentos incrementais de valor.	Variáveis	Interativas	Intelectuais	Cria	Automação cognitiva

FIGURA 3-1

Automação no setor de serviços financeiros

No decorrer dos próximos vinte anos o trabalho no setor de serviços financeiros apresenta um alto risco de ser automatizado segundo analistas, risco este maior do que qualquer outro setor com mão de obra qualificada. Cerca de 54% dos postos de trabalho do setor poderão ser eliminados.

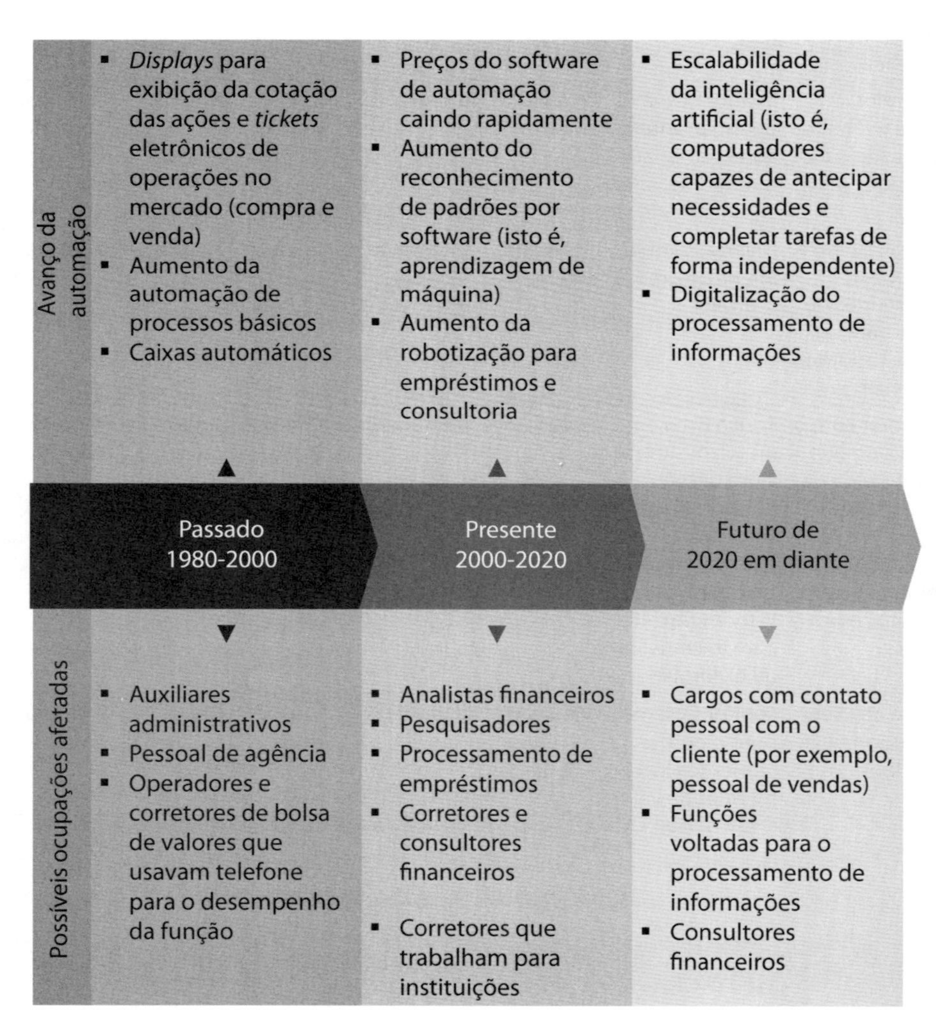

Fonte: Análise da Willis Towers Watsons; e "The Robots Are Coming for Wall Street", artigo de Nathaniel Popper, *New York Times Magazine*, 25 de fevereiro de 2016.

Analisemos com maior profundidade como a automação tem avançado e avançará ainda mais no setor de serviços financeiros (veja a Figura 3-1).

Vimos como os caixas automáticos afetaram o trabalho nas agências bancárias. Quando foram introduzidos pela primeira vez na década de 1970, esperava-se que os caixas automáticos decretassem o fim da profissão de caixa de banco, ao encamparem parte das tarefas rotineiras e repetitivas realizadas por estes profissionais. De fato, nos Estados Unidos o número médio de caixas caiu de 20% por agência em 1988 para 13% em 2004 e para os atuais menos de 5% em algumas agências. Embora esse declínio tenha reduzido os custos de operação de uma agência, isso permitiu aos bancos abrir mais agências em resposta à demanda de clientes. O número de agências bancárias urbanas cresceu 43% ao longo do mesmo período, de modo que o número de caixas humanos, na realidade, aumentou. Conforme explicado no Capítulo 1, em vez de eliminar empregos, os caixas automáticos mudaram o perfil do trabalho dos funcionários de banco, que passa a se distanciar das tarefas repetitivas, incorporando atividades como vendas e atendimento ao cliente que as máquinas não poderiam fazer. À medida que avançamos no tempo, observamos a automação mudando de um foco na transformação de processos transacionais básicos e passando para a aplicação de inteligência a atividades de grande valor agregado como operações no mercado e análise. No futuro, o trabalho com um grau de variação e cognição ainda maior irá substituir ou então irá ampliar a capacidade humana à medida que a IA passa do foco no "desconhecido conhecido" (por exemplo, eu sei que não sei qual deveria ser o conjunto de habilidades ideal para alguém da minha idade e de tolerância a correr riscos) para o "desconhecido desconhecido" (por exemplo, não sei o que vou precisar para reposicionar o meu portfólio no caso de um evento de mercado não relacionado, mas a IA irá antecipar esta situação e executará as transações necessárias para alcançar o conjunto de habilidades correto).

À medida que expandimos nossos horizontes além dos serviços financeiros, qual tipo de automação temos disponíveis e como isso irá evoluir no futuro? (Veja o Quadro "Por que a IA é algo muito importante atualmente?")

As Três Formas de Automação

Conforme vimos, as tecnologias para automação do trabalho são classificadas em três categorias: automação de processos via robótica, automação cognitiva e robótica social ou colaborativa (Veja a Tabela 3-2).[1] Seus efeitos sobre o trabalho podem ser distinguidos por:

- Tarefas laborais diferentes que elas podem automatizar.
- Maneiras diferentes de aprender a partir da interação com pessoas.
- Diferentes tipos de aplicação e escopo.
- Diferentes níveis de maturidade.
- Diferentes custos de implementação e manutenção.
- Diferentes níveis e tipos de retorno.

A seguir, definiremos cada categoria de automação, com exemplos de seus efeitos no trabalho. Essas definições e exemplos identificam como as três categorias de automação convergem para afetar o trabalho em sua organização.

Automação de Processos via Robótica (RPA)

A RPA é a categoria mais simples e mais madura. A RPA automatiza tarefas rotineiras, de baixa complexidade e em grandes volumes. Por exemplo, ela vem sendo usada para automatizar as tarefas "cadeira giratória" que costumavam exigir que uma pessoa "gire" de uma fonte de dados para outra para transferir ou associar dados de sistemas díspares. Uma aplicação comum envolve a transferência de dados entre sistemas de software ou o uso de regras simples para encontrar informações em e-mail ou planilhas e introduzi-las em sistemas comerciais como ERP (*Enterprise Resource Planning*, planejamento de recursos da empresa) ou CRM (*Customer Relationship Management*, gestão do relacionamento com os clientes). Essas tarefas normalmente são muito simples para uma solução de TI complexa. Em vez disso, robótica aplicada a processos simples é capaz de automatizá-los rapidamente e com baixo custo, sem exigir o gerenciamento e treinamento de mão de obra. A Xchanging, uma empresa prestadora de serviços para pedidos de indenização de seguros localizada no Reino Unido, usou 27 robôs Blue Prism para automatizar 14 processos básicos, realizando 120 mil transações RPA mensais e reduzindo em 30% o custo por processo.[2] (Veja o Quadro "Os Três Rs da RPA")

TABELA 3-2

Etapa 3: Os três tipos de automação

	Automação de processos via robótica	**Automação cognitiva**	**Robótica social ou colaborativa**
Automação da tarefa laboral	Altos volumes, baixa complexidade, rotineira.	Complexa, exploratória, não rotineira, apoio à tomada de decisão.	sem rotina e rotina mista; colaborativa.
Aprendizagem e interação	Baseada em instruções; provavelmente pode ser melhorada com aprendizagem de máquina.	Aprendizagem de máquina, redes profundas, IA híbrida; necessita de dados e treinadores humanos para aprender.	Aprendizagem a partir de dados e da interação com seres humanos.

(continua)

TABELA 3-2

Etapa 3: Os três tipos de automação (*continuação*)

	Automação de processos via robótica	**Automação cognitiva**	**Robótica social ou colaborativa**
Tipos de aplicação e escopo	Amplo; pode automatizar tarefas de processos de negócios.	Focada; voltada para conjuntos de dados específicos e programada para produzir resultados específicos (ainda não temos uma IA genérica).	Amplo; pode impulsionar a produtividade humana em uma ampla gama de atividades e *expertise*.
Níveis de maturidade	Madura, pronta para uso	Está surgindo, com alguns recursos já prontos para usar (por exemplo, reconhecimento de voz ou de imagens).	Madura, pronta para uso
Custos de implementação e manutenção	Baixo	Elevado	Médio/elevado
Tempo para implementação	Semanas	Meses	Meses
Nível e tipo de retorno	Alto; adaptável aos modelos operacionais e de negócios atuais; pode reduzir a necessidade de transferir parte das operações da empresa para o exterior.	Alto; potencial para transformar modelos operacionais e de negócios.	Alto; pode aumentar significativamente a produtividade e a eficiência.

Por que a IA é algo muito importante atualmente?

Diz-se muito que o futuro é agora, mas que este está distribuído de forma desigual. O mesmo vale para a automação. O gráfico do Fórum Econômico Mundial aqui apresentado ilustra porque a "Quarta Revolução Industrial" é fundamentalmente diferente da segunda e da terceira: a razão é a convergência. É verdade, o motor de combustão interna e a lâmpada incandescente foram inventados num intervalo de vinte anos entre eles, durante a segunda Revolução Industrial, porém, as múltiplas tecnologias revolucionárias não surgiram e não se fundamentaram umas nas outras, como está ocorrendo agora. O gráfico a seguir mostra como várias tecnologias amadureceram ao longo do tempo e atingiram sua capacidade acumulativa, definida como a utilização e a realização de valor máximas. Tecnologias herdadas da terceira Revolução Industrial como os *mainframes* e PCs, atingem sua utilidade máxima e depois declinam à medida que tecnologias alternativas usurpam sua funcionalidade. Mas na quarta Revolução Industrial, tecnologias múltiplas (celulares, *big data* e a Internet das Coisas) convergem e reforçam umas as outras. Em nenhuma época tantas tecnologias atingiram o seu pico ao mesmo tempo (Veja as bolinhas acinzentadas no gráfico "Convergência das Tecnologias"). A convergência está acontecendo em duas dimensões: a convergência das várias esferas de nossas vidas (profissional, social, biológica) e a convergência entre os diversos setores de atividade. No primeiro caso, tecnologias de uso corrente (mídias sociais, celulares e sensores) permeiam todas as esferas de nossas existências e as reúnem. A IA e os sensores que impulsionam os *apps* de nossos celulares e relógios de pulso são cada vez mais o epicentro de nossa existência. No segundo caso, todo negócio é digital e global. O tamanho ou a natureza do produto não importa, seja um banco internacional, uma grande montadora ou um comerciante local; a habilidade de aproveitar a cadeia de suprimento global, realizar negócios na nuvem e incorporar dispositivos digitais pessoais irão, em última instância, determinar a sustentabilidade estratégica.

Ao analisarmos a evolução de diversas tecnologias, como a IA se encaixa neste panorama? Da mesma forma que o *big data* e a Internet das Coisas se reforçam mutuamente, ela é independente ou um acelerador? A IA é um acelerador no sentido de possibilitar que tecnologias existentes aumentem o seu valor. Os celulares e a nuvem (Web 2.0) associados a micro sensores baratos permitem que a Internet das Coisas conecte máquinas ao redor do mundo de forma perfeitamente integrada, reunindo, armazenando e monitorando volumes de dados gigantescos a um custo mínimo. E a IA possibilita que estes dados se transformem em ideias e inteligência a ponto de estar se tornando a principal fonte de vantagem competitiva, possibilitando a transformação de praticamente qualquer processo e troca de valor com os clientes. Portanto, o segredo para o poder da automação transformar o trabalho não são apenas as capacidades individuais de cada tecnologia, mas sim as capacidades transformativas que surgem da combinação delas.

Convergência das tecnologias

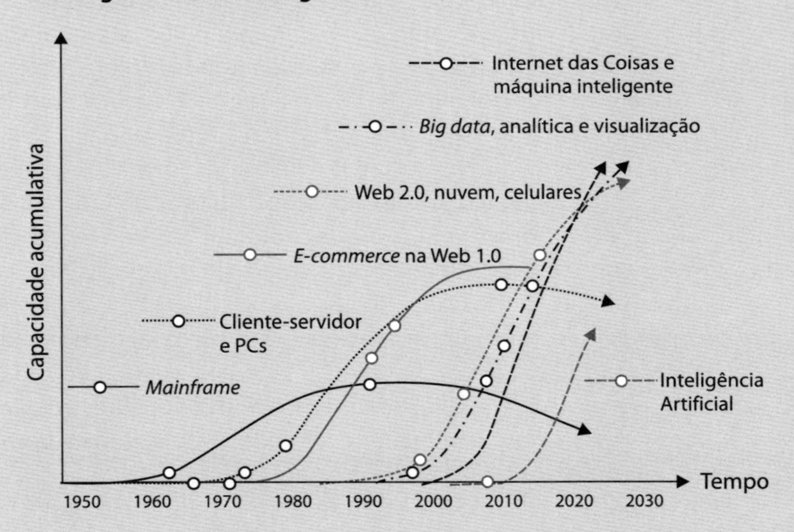

Fonte: Fórum Econômico Mundial, "Onward and Upward? The Transformational Power of Technology", 2016, htpp://reports.weforum.org/digital-transformation/onward-and-upward-the-transformative-power-of-technology/.

Os Três Rs da RPA

Qualquer tarefa que uma ou mais pessoas executem repetidamente e com pouca variação muito provavelmente será mais bem executada pela RPA. Pode-se contar com a RPA para a execução de tarefas repetitivas e de modo muito mais confiável do que seria feito por seres humanos. Se precisarmos do mesmo resultado para os mesmos insumos, com reprodução quase perfeita, a RPA é a resposta. O fato de a RPA executar esse tipo de tarefa de forma ininterrupta e sem se cansar aumenta ainda mais o seu valor.

A segunda categoria de tarefas ideais para a aplicação da RPA são etapas redundantes em processos de negócios. Apesar de décadas de otimização de processos de negócios, a maior parte deles ainda são repletos de etapas redundantes e sem agregação de valor. Quando um processo exige que uma pessoa revise, aprove, verifique, audite, supervisione ou confirme algo, certamente há redundância clamando por robótica. Muitas destas redundâncias têm como origem processos de negócios ainda no papel e resistentes às tentativas de automação. O ser humano comete erros e as redundâncias foram imaginadas e inseridas nos processos justamente para pegar e corrigir tais erros. Processos deste tipo sobrevivem devido a hábitos, expectativas, regulação ou medo. Cada um desses fatores é muito delicado, o que explica porque as redundâncias ainda persistem nos processos. Isso nos leva a questões interessantes: Quem deveria ser o produtor e quem deveria ser o revisor em tais processos? Se a RPA é capaz de aplicar regras perfeitamente, qual o valor de se ter uma pessoa para checar o trabalho dela. Ao contrário, faria sentido uma pessoa ser o produtor cujo trabalho é verificado por RPA? Deveria o melhor conferente do trabalho de uma RPA ser outra RPA e isso atenderia as exigências de regras ou regulamentos? Tais questões provavelmente causarão a sensação de muito desconforto a uma empresa. A inovação é caracterizada pelo desconforto e incerteza. Se uma empresa estiver se debatendo com tais dúvidas, ela não estará inovando.

A principal mensagem da redundância e da RPA é automatizar tanto horizontal *quanto* verticalmente. Embora haja valor em substituir aqueles que fazem, deve haver muito mais vantagem na substituição daqueles que observam também.

Finalmente, a terceira categoria em que a RPA pode brilhar é na gestão de riscos, particularmente riscos de se infringir normas. Muitos homens de negócios podem estar convencidos de que a negligência no cumprimento de normas exija que os seres humanos supervisionem os seus processos. Isso pode ser simplesmente uma questão de interpretação. Conforme mencionado anteriormente, a questão de muitas etapas redundantes em processos é garantir que regras tenham sido seguidas ou condições tenham sido atendidas. Quem melhor para aplicar estas regras ou garantir que tais critérios sejam atendidos do que um impassível, imparcial, incansável e implacável pedaço de código de software? Poder-se-ia argumentar que seria *melhor* deixar para a RPA tais revisões ou auditagens e não para seres humanos, falíveis, clementes ou negligentes. Para muitas empresas, as redundâncias em processos são artefatos regulatórios e eles são notadamente caros para se manter. Tipicamente, tais supervisões são exigidas por normas elaboradas há várias décadas. Departamentos de *compliance* e gerentes de riscos normalmente são muito céticos quanto a mudanças. Afinal de contas, eles são pagos para serem paranoicos.

Mas a consistência com a qual a RPA executa as tarefas pode simplificar enormemente obrigações de *compliance* gerando reduções substanciais de riscos operacionais.

Fonte: Adaptado de Christopher Surdak, "Robotic Process Automation 101 (Part 2: Where and When)", Institute for Robotic Process Automation and Artificial Intelligence, https://irpaai.com/robotic-process-automation-101-part-2/.

Um algoritmo RPA típico seria algo parecido com o seguinte:

Entrar no sistema (login)

Abrir arquivo xls

Copiar os três primeiros valores da coluna "data de nascimento"

Abrir um documento no Word

Colar os valores na página 3 na coluna "data de nascimento"

Fechar o documento no Word

Abrir o e-mail

Anexar o documento do Word ao e-mail

Automação Cognitiva

As atuais manchetes sobre automação do trabalho refletem a *automação cognitiva,* capaz de substituir o homem em tarefas complexas e não rotineiras, literalmente automatizando a cognição humana. A automação cognitiva usa ferramentas como reconhecimento de padrões e compreensão de linguagem humana. O varejista Amazon buscava objetivos estratégicos que incluíssem a melhoria na qualidade e a redução do custo de atendimento ao cliente em lojas físicas. Isso resultou na loja varejista Amazon Go, em Seattle, que não tem caixas e nem filas para pagamento. Os clientes pegam os produtos e vão embora, já que sensores e algoritmos debitam automaticamente de suas contas Amazon. A automação realiza as tarefas de escanear as compras e processar o pagamento. Isso não significa que é desnecessário ter funcionários na loja, mas o trabalho deles muda. Os funcionários ainda realizam tarefas como orientar os clientes dentro das lojas sobre as características dos produtos. A automação cognitiva na forma de aprendizagem de máquina, usando recursos computacionais na nuvem, produziu sistemas capazes de reconhecer padrões e compreender significados em *big data* de uma forma parecida com a humana. Esta inteligência de reconhecimento é uma combinação de inteligência artificial, especificamente aprendizagem de máquina e sensores. Ela está no âmago das tarefas para automação como reconhecimento de voz e imagens, conversão de voz em texto e compreensão da linguagem humana.

Essas aplicações refletem a automação na qual regras e procedimentos são ensinados por seres humanos, mas em aprendizagem profunda (*deep learning,* em inglês) mais recente, as máquinas ensinam a elas mesmas. Esta automação é aplicada cada vez mais a tarefas mais diversas, abstratas e avançadas. A equipe do Google DeepMind criou um computador denominado AlphaGo que derrotou exímios jogadores do complicado jogo Go. Para treinar o AlphaGo, o DeepMind alimentou o sistema com milhares de jogos que jogadores humanos profissionais e amadores do Go haviam participado. O AlphaGo usou os jogos para desenvolver estratégias vencedoras e identificar jogadas boas e ruins. Mais recentemente, a mesma equipe do DeepMind criou o AlphaGo Zero, um computador que jogou apenas com ele mesmo (milhões de vezes), inicialmente fazendo jogadas aleatoriamente até ele passar a reconhecer estratégias. O AlphaGo Zero recebeu este nome por não ter tido nenhuma ajuda de seres humanos afora sua inicialização. O AlphaGo Zero derrotou não apenas jogadores humanos como, finalmente, até mesmo o seu predecessor, o AlphaGo.[3]

A automação cognitiva é usada tipicamente de três maneiras. Primeiramente, na transformação de processos de negócios como os corretores de seguro de automóveis que usam um *app* com reconhecimento de imagens e capacidade de análise cognitiva para processar fotos de um carro sinistrado, avaliar os danos, estimar o valor do pedido de indenização e enviar a recomendação do aplicativo para um assessor humano para aprovação final, criando um processo para pedidos de indenização mais simples, rápido e barato. Isso reinventa o trabalho anterior dos inspetores de campo humanos para um trabalho de assessores remotos de alto nível. Uma tecnologia destas permite que funções tradicionais sejam desconstruídas e ampliem ou substituam atividades humanas rotineiras por automação, resultando na reinvenção do trabalho para obtenção de maior eficiência, efetividade e impacto.

Em segundo lugar, a automação cognitiva é capaz de desenvolver novos produtos e serviços. A mesma automação que reinventou o processo de pedidos de indenização possibilita que seja ofertado um novo serviço para os segurados, com características como o *chatbot,* conversa on-line que fornece orientações sobre reparos e pagamentos aos assegurados, diretamente para seus celulares. Agora, a função de assistente de atendimento ao cliente pode e deve ser reinventada.

Em terceiro lugar, a automação cognitiva pode ter novas ideias a partir de *big data*. No exemplo de seguro de automóveis a automação cognitiva consegue analisar milhares de pedidos de indenização para identificar locais mais propensos a acidentes e calcular prêmios de seguro adequados para quem dirige em locais de alto risco em contraste com aqueles de baixo risco. Agora, funções como analistas e cientistas de dados podem e devem ser reinventadas.

Podemos ver como a convergência cria oportunidades de automação exponenciais. A RPA normalmente é uma precursora do emprego de IA, em que a RPA produz os dados limpos e necessários em grandes volumes para impulsionar uma automação cognitiva efetiva. Consideremos o exemplo anterior de RPA com automação cognitiva inserida:

Entrar no sistema *(login)*

Abrir *e-mail*

Ler *e-mail* (IA cognitiva com capacidade de Processamento de Linguagem Humana)

Se o conteúdo do *e-mail* precisar de uma lista de datas de aniversário, localizar o arquivo xls relevante

Abrir o arquivo xls

Copiar os três primeiros valores da coluna "data de nascimento"

Abrir um documento no Word

Colar os valores da página 3 na coluna "data de nascimento"

Fechar o documento no Word

Abrir o *e-mail*

Anexar o documento do Word ao *e-mail*

Esta mesma convergência se aplica ao trabalho, criando oportunidades e requisitos igualmente exponenciais para reinventar o trabalho e a organização. Em última instância, otimizar a automação do trabalho é uma oportunidade de se considerar todo um ecossistema de trabalhos e suas relações, desconstruí-los, avaliar a ROIP do trabalho, aplicar RPA e automação cognitiva e, finalmente, reinventá-los. (Veja o quadro "A Uptake opera Trens usando automação cognitiva")

Robótica Colaborativa ou Social

Você pode imaginar os robôs como máquinas fixadas por meio de parafusos no chão de fábrica de uma linha de montagem, realizando uma única tarefa repetitiva. Isso ainda é verdadeiro, mas cada vez mais há espaço para a *robótica social.* O termo "social" se refere aos robôs que se deslocam e interagem com pessoas, por meio de sensores, IA e maquinário mecânico. Um subconjunto da robótica social é a robótica "colaborativa" (*cobots*, em inglês). *Cobots* são máquinas que realmente sentem a presença do trabalhador humano e ativamente se ajustam para trabalharem fisicamente com o ser humano.

A Uptake opera Trens usando automação cognitiva

A Uptake, uma empresa de análise industrial, cria "produtos que ingerem e analisam dados empresariais e de sensores, transformando-os em soluções potenciais e em resultados imediatos". Seu CEO, Brad Keywell, acredita na automação cognitiva e na reinvenção do trabalho como, por exemplo, a manutenção das locomotivas. As locomotivas são acionadas por enormes e altamente complexos motores elétricos que custam milhões de dólares. Uma quebra custa à empresa ferroviária milhares de dólares por cada hora inoperante, além da irritação e frustração dos passageiros. No passado, uma locomotiva quebrada era rebocada para um local de reparos. Apenas nesta instalação os técnicos poderiam realizar testes diagnósticos, o que levava horas.

Um objetivo estratégico para as empresas ferroviárias era usar a automação para reduzir as quebras e fazer uma manutenção das locomotivas de forma mais efetiva e eficaz. Isso requer automação, mas esta precisa ser totalmente integrada com o trabalho reinventado de mecânico de manutenção. A IA e os algoritmos realizam diagnósticos constantemente nas locomotivas em operação, muito antes de elas sofrerem alguma pane. Os sistemas da Uptake preveem quando, por que e como uma locomotiva poderia quebrar. Eles usam análise preditiva, impulsionada por automação cognitiva que analisa grandes volumes de dados gerados por 250 sensores em cada locomotiva. Os sistemas da Uptake analisam os dados usando o histórico operacional de máquinas similares, treinamento de especialistas (humanos), normas do setor e até mesmo padrões meteorológicos. Quando os algoritmos detectam uma possível falha, eles enviam a locomotiva automaticamente para uma instalação de reparos.

No momento em que a locomotiva chega, os mecânicos não precisam mais realizar diagnósticos. Eles pegam seu iPad e, em poucos minutos, o algoritmo informa exatamente a fonte da iminente quebra, bem como o histórico da locomotiva e padrões operacionais passados. O trabalho de mecânico é reinventado para aquilo que ele melhor sabe fazer: em vez de ficar esperando que uma locomotiva quebre para então realizar diagnósticos, o trabalho deles agora é resolver os problemas antes que ela quebre, informados pelo algoritmo e de modo a poderem usar toda a sua experiência, bom senso e habilidade. O trabalho do mecânico agora também é o de treinar a automação. Cada uma de suas decisões e ações se transforma em dados que realimentam o software, melhorando constantemente futuras previsões.

Fonte: Brad Keywell, "The Fourth Industrial Revolution is About Empowering People, Not the Rise of Machines", Fórum Econômico Mundial, 14/jun/2017, htpp://www.weforum.org/agenda/2017/06/the- fourth-industrial-revolution-is-about-empowering-people-not-just-machines e "About Uptake", website da Uptake, https://www.upatke.com/about.

Baxter é um *cobot* que executa uma ampla gama de tarefas na linha de montagem, entre as quais carregamento da linha, operação automatizada de máquinas, ferramentas, embalagem e movimentação de materiais. Em termos estratégicos, as organizações adquirem e empregam *cobots* Baxter para atingirem os seguintes objetivos estratégicos:

- Segurança: O Baxter opera com segurança próximo de seres humanos sem precisar de uma gaiola, poupando dinheiro e espaço na fábrica.
- Treinamento: O Baxter aprende observando os movimentos de trabalhadores humanos, reduzindo ou eliminando o tempo e custo de programação tradicional.
- Reimplementação e flexibilidade: O Baxter é capaz de executar uma série de tarefas e, pelo fato de ser treinável, pode ser rapidamente destinado a outras tarefas (novos propósitos).
- Fácil integração: O Baxter se conecta a outras formas de automação on-line, normalmente sem qualquer projeto ou programação de integração de terceiros.
- Compatibilidade: Os braços do Baxter se movimentam como os braços de um ser humano, portanto, linhas de montagem feitas para humanos não precisam ser reconfiguradas para trabalhar com ele.

O Baxter não é o único projeto de robô social. Os robôs sociais cada vez mais vêm na forma de drones que voam ou nadam, robôs antropoides que caminham e um enxame de robô que desliza pelo chão. Os robôs tradicionais eram, em grande parte, limitados a tarefas repetitivas, porém, agora os robôs sociais automatizam tanto tarefas rotineiras quanto não rotineiras. Libertados da linha de montagem, tais robôs podem colaborar com seres humanos de maneira anteriormente impensável.

Os enxames de robôs estão reinventando as operações de estocagem e a remessa nas instalações da DHL da Deutsche Post

(AG) em Memphis, Tennessee, para o fornecedor Quiet Logistics à medida que ele atende e supre pedidos *on-line* de varejistas como a Bonobos e Inditex AS Zara.[4] Os objetivos estratégicos por trás do emprego destes *cobots* é reduzir o custo de milhões de dólares em esteiras transportadoras fixas e sistemas de transporte em depósitos. Os *cobots* custam muito menos (de 30.000 a 40.000 dólares).

Fazendeiros e a Allstate Insurance tinham o objetivo estratégico de usar a automação para acelerar o tempo de resposta a vítimas do furacão Harvey.[5] Eles usaram drones para reinventar o trabalho de análise e pagamento de indenização de seguros. Drones colaborativos trabalharam ao lado de peritos em sinistros para avaliação dos danos causados à propriedade. Os drones acessaram áreas que humanos jamais conseguiriam alcançar ou que representariam grande perigo para eles. Os drones coletaram dados e tiraram fotos das áreas atingidas e enviaram tais informações para um banco de dados. Os peritos não precisavam mais realizar o perigoso trabalho de ir a locais sinistrados e reunir dados a este respeito. Em vez disso, eles analisaram o banco de dados produzido pelos seus colaboradores (drones), podendo tomar decisões mais ágeis em relação à indenização. Os fazendeiros relatam que o trabalho reinventado combinando drones a peritos humanos foi capaz de processar três casas em uma hora. Anteriormente, os peritos humanos precisavam de um dia inteiro para processar as mesmas três casas. (Veja o quadro "Como a automação está evoluindo")

Convergência: Três Categorias de Automação Reinventam a Cirurgia Oncológica

Mostramos como reinventar funções usando cada uma das categorias de automação. Entretanto, convergência significa que todas as três categorias de automação trabalham juntas simultaneamente. Além disso, a automação do trabalho raramente afeta apenas uma única função. Reinventar uma função revela oportunidades e requisitos para se reinventar trabalhos relacionados. Portanto, otimizar a automação do trabalho requer considerar todas as categorias de automação e reinventar várias funções remodelando o trabalho de equipes inteiras.

Uma equipe de cirurgia oncológica nos dá um exemplo de como a automação do trabalho é a convergência de diversas categorias de automação e a reinvenção de várias funções. Os objetivos estratégicos persuasivos que levam um hospital a buscar a automação para cirurgias são: recuperação mais rápida do paciente, internações hospitalares mais curtas e menos custosas, redução nos erros cirúrgicos e de diagnóstico e aplicação de tecnologias de ponta. Entretanto, a execução bem-sucedida requer a otimização da automação do trabalho e a reinvenção das funções.

Como a automação está evoluindo

Os robôs são normalmente programados via códigos. Isso dá uma importância exagerada ao tempo e à necessidade de especialistas para fazer a programação. Avanços em aprendizagem de máquina nos permitem escrever um trecho de código uma vez que o robô esteja imbuído da habilidade de aprender; podemos ensinar a eles novas habilidades através do fornecimento de novos dados. Pesquisadores da UC Berkeley desenvolveram a capacidade de treinar robôs com novas habilidades em minutos, usando fones de ouvido dotados de microfone para Realidade Virtual. Em vez de precisar de um programador especializado gastando semanas treinando um robô para executar uma tarefa específica, Pieter Abbeel e seus alunos Peter Chen, Rocky Duan e Tianhao Zhang desenvolveram uma solução que possibilita que robôs aprendam imitando as ações de artesãos e operários altamente qualificados usando equipamentos de VR facilmente encontrados no mercado. Em vez de um robô levar semanas para aprender uma nova habilidade, ele pode aprendê-la em um dia usando este método.

Duan diz: "Quando realizamos uma tarefa não resolvemos complexas equações diferenciais em nossas cabeças. Em vez disso, por meio de interações com o mundo físico, adquirimos ricas intuições sobre como movimentar o nosso corpo, que de outra maneira seria impossível representar usando-se código de computador".

Estes rápidos avanços por meio de reforço e aprendizagem profunda por imitação irão transformar a forma como os robôs são treinados e retreinados rapidamente e de maneira coesa. Imagine a velocidade com a qual poderíamos empregar a robótica em fábricas usando essas técnicas. Elas resolvem dois dos maiores obstáculos da automação: a necessidade de volumes significativos de dados "limpos" bem como de programadores especializados. Agora qualquer um será capaz de ensinar um robô.

Fonte: Robert Sanders, "Berkeley Startup to Train Robots Like Puppets", *Berkeley News*, 7/nov/2017, http://news.berkeley.edu/2017/11/07/berkeley-start-up- to-train-robots-like-puppets/.

Um artigo recente capta imagens de uma cirurgia robótica, que fascina médicos e pacientes, e motiva gestores de hospitais a investirem milhões:

> Envolvidos em luvas de plástico que cobrem a sua haste central e braços mecânicos extensíveis e na cor branca, está o *Da Vinci XI*, sistema de cirurgia robótica da empresa Intuitive Surgical. É difícil dizer quem está no comando. Entre os instrumentos dentro do paciente temos três componentes separados e intercambiáveis capazes de cortar, afastar, agarrar, cauterizar ou de alguma outra forma manipular tecidos do corpo humano, bem como uma câmera móvel de alta definição que ilumina a cavidade interna do corpo com uma impressionante nitidez em 3D. Esta é uma vantagem visual que Sullivan diz ter revolucionado a forma como os cirurgiões realizam cirurgias minimamente invasivas (o tipo que não precisa de campo cirúrgico aberto para remover uma parte do corpo ou coletar amostras).

Sullivan se dirige até um console no lado esquerdo da sala de cirurgia, onde se senta diante de um visor que parece pertencer a uma sala de videogames futurista. Ele coloca seus dedos médios e polegares em dois pares de anéis ligados a dois braços mecânicos móveis. No piso da console há dois pedais que funcionam como uma embreagem de um carro não automático. Com seus dedos e pés Sullivan irá comandar e direcionar os quatro instrumentos agora posicionados dentro do corpo do paciente (alternando entre as extensões cirúrgicas munidas de pinças e a câmera endoscópica 3D.[6]

Os investimentos multimilionários em robôs, tecnologia e IA valerão a pena somente se os líderes reinventarem o trabalho. O trabalho de um oncologista envolve tipicamente as seguintes atividades ou tarefas:

- Revisar as informações a respeito do paciente.
- Diagnosticar câncer.
- Avaliar e escolher os tipos de tratamento.
- Executar o tratamento escolhido ou realizar uma cirurgia.
- Coordenar o tratamento juntamente com a equipe de oncologia.
- Conduzir monitoramento, cuidados e aconselhamento pós-cirúrgicos.

A RPA bem como a automação cognitiva e a robótica social transformam cada uma dessas tarefas.

Revisar as Informações sobre o Paciente

A RPA pode integrar o conjunto de informações diversas sobre o paciente e que residem em diferentes sistemas de informação. Ela integra biomarcadores, histórico médico, estilo de vida, tratamentos anteriores e outros dados sobre o paciente, dando uma visão abrangente do paciente e que anteriormente era impossível. Novas informações sobre o paciente são integradas tão logo sejam geradas, transformando informações estáticas em um instantâneo evolutivo e dinâmico do paciente.

Diagnosticar o Câncer

Não há nenhuma inteligência associada à RPA. Adicionando-se automação cognitiva com processamento de linguagem humana, o sistema automatizado pode agora ler estes dados evolutivos. Ele é capaz de comparar os dados de cada paciente com milhares de outros e atribuir uma pontuação para o risco de câncer do paciente em questão.

O WFO (*Watson for Oncology*) da IBM é uma plataforma de automação cognitiva que alcançou 90% de sucesso no diagnóstico de câncer de pulmão.[7] A média de oncologistas humanos ficou na casa dos 50%. O Watson "ingere" mais de 600.000 provas com respaldo científico, lê mais de dois milhões de páginas de revistas científicas sobre medicina e faz buscas em até 1,5 milhão de registros de pacientes. Seu conhecimento supera em muito a capacidade humana. O Memorial Sloan Kettering Cancer Center estima que dados baseados em ensaios clínicos constituem apenas 20% do conhecimento que os médicos humanos usam para diagnosticar seus pacientes e escolher possíveis tratamentos. Um médico precisaria gastar pelo menos 160 horas por semana lendo revistas científicas, apenas para ficar sabendo de novos avanços na medicina à medida que são publicados. O WFO consegue assimilar muito mais rapidamente e com maior precisão as vastas quantidades de novas provas científicas adicionadas ao banco de dados mundial sobre câncer, atualizando seus algoritmos de acordo.

Avaliar e Escolher os Tipos de Tratamento

Os oncologistas devem avaliar e optar por tratamentos para câncer usando as mais recentes práticas e diretrizes baseadas em dados concretos. Seria a automação capaz de se igualar aos seres humanos na escolha de tratamentos? Em um estudo duplo-cego de câncer de pulmão, de mama e colorretal foi demonstrado que o WFO fez recomendações muito parecidas com aquelas dadas por um rol de oncologistas.[8] Como? O WFO extrai e avalia enormes quantidades de dados estruturados ou não obtidos de fichas clínicas, usando processamento de linguagem humana e aprendizado de máquina para avaliar e escolher entre várias opções para tratamento de câncer. Aproximadamente 90% das recomendações feitas pelo WFO estavam em concordância com aquelas de um grupo formado por quinze oncologistas. Inicialmente os oncologistas levavam vinte minutos em média para captar e analisar os dados e emitirem recomendações, embora tenham diminuído para doze minutos com a prática. O WFO levava quarenta segundos.

À medida que o WFO aumenta suas capacidades, o trabalho de diagnóstico do oncologista é reinventado. O WFO analisa casos típicos e comuns, permitindo aos oncologistas se concentrarem nos casos incomuns ou difíceis.

Executar o Tratamento Escolhido ou Realizar uma Cirurgia

O artigo anterior sobre o *Da Vinci XI* da Intuitive Surgical mostrou como a robótica colaborativa de ponta pode realmente aperfeiçoar o ato cirúrgico. Mesmo assim, os seres humanos ainda fazem a maior parte da cirurgia e grande parte dos avanços se concentrou em tornar a cirurgia menos invasiva possível. Ao realizar uma cirurgia robótica com o *Da Vinci XI*, o robô cirúrgico mais avançado do mundo, o cirurgião controla instrumentos miniaturizados que são montados em três braços robóticos separados, permitindo ao cirurgião o máximo espectro em termos de movimentação e precisão. O quarto braço do *Da Vinci* contém uma câmera 3D com imagens ampliadas de alta definição que orientam o cirurgião durante o procedimento. Em outras palavras, a máquina não possui inteligência alguma além daquela do seu operador. Ela não atende aos critérios definidos anteriormente da robótica social por não possuir IA nem sensores.

A IA está sendo incorporada aos procedimentos cirúrgicos com tecnologias como o STAR (*Smart Tissue Autonomous Robot*).[9] Ele usa sua própria visão, ferramentas e inteligência para realizar procedimentos cirúrgicos. O STAR na realidade ultrapassa o desempenho dos cirurgiões humanos. Pesquisadores programaram o STAR para realizar anastomoses intestinais, em que uma parte do intestino cortada cirurgicamente é costurada de volta. Em apenas 40% das tentativas, os cirurgiões humanos precisaram intervir com orientação.

Este é um ótimo exemplo da otimização da combinação entre ser humano eautomação. Os pesquisadores concluíram que os 40% das tentativas que precisavam de assistência do cirurgião davam dicas para elaborar um novo trabalho envolvendo a colaboração homem-máquina em centros cirúrgicos. O trabalho dos cirurgiões agora seria o de supervisionar procedimentos e repassar as tarefas corretas para o robô. Na nova função, a automação executa e aprende tarefas mais rotineiras ou tediosas, deixando para o ser humano se concentrar naquelas mais complexas ou incomuns. A automação amplia a capacidade humana.

Escolher procedimentos pós-operatórios ou não cirúrgicos é tão importante quanto escolher e realizar procedimentos cirúrgicos. Qual o papel que a automação desempenha nestes procedimentos? Pacientes com casos de câncer similares podem reagir de forma completamente diferente ao mesmo tratamento. Tais diferenças normalmente podem ser previstas tomando-se como base a genética do paciente. Tratamentos mais precisos e personalizados exigem a identificação de quais fatores genéticos preveem remissão ou resistência. Teria a automação um papel aqui? Uma equipe de pesquisadores alimentou IA com dados genéticos de células e tecidos tumorais de pacientes com câncer de mama. Os algoritmos previram que 84% dos pacientes teriam remissão usando a droga Paclitaxel. A assinatura genética da droga gemcitabina foi capaz de prever com 62-71% de precisão a remissão usando-se tecido tumoral preservado.[10]

Coordenar o Tratamento juntamente com a Equipe de Oncologia

O trabalho de coordenação dos cuidados entre os diversos membros da equipe de oncologia é vitalmente importante para o tratamento do paciente. Embora a TI possa ajudar a ter acesso consistente a informações e facilitar a interação entre o oncologista e as demais funções envolvidas no tratamento de um paciente e a RPA possa substituir várias atividades associadas à integração de dados a partir de múltiplos sistemas, o real valor nesta atividade, em particular, é o resultado de interações pessoais entre os diversos participantes. Em outras palavras, o trabalho de coordenação muda daquele de coletar, revisar, alimentar e discutir dados para o de colaboração impulsionada por ideias em que o trabalho diz respeito a explorar e perguntar "O que aconteceria se...?". A automação cognitiva pode ampliar tal colaboração pela aplicação de inteligência aos dados sobre o paciente e ajudar cada envolvido a entender melhor as implicações únicas de seu trabalho em relação a cada um deles e o paciente. Algoritmos de IA são capazes de fazer incontáveis simulações a partir de diferentes combinações de atividades para projetar e prever vários resultados possíveis. Essa inteligência pode então modificar e otimizar o comportamento de vários membros da equipe no sentido de buscar aqueles que realmente podem levar a um melhor resultado para o paciente.

Conduzir Monitoramento, Cuidados e Aconselhamento Pós-Cirúrgicos

Grande parte dos cuidados pós-cirúrgicos requer tarefas que usam empatia e emoção que nenhuma máquina consegue ter. Mesmo assim a automação cognitiva ainda desempenha um papel importante. A automação cognitiva, apoiada por dados criados pela RPA, reúne e analisa dados de pacientes. As pessoas que estão cuidando dos pacientes usam essas ideias para saber como funcionam diferentes tipos de tratamento em pacientes com determinadas constituições genéticas. O pessoal responsável pelos cuidados e os médicos agora podem fornecer cuidado personalizado que aumenta as chances de recuperação de um paciente e reduz complicações. Automatizar as tarefas rotineiras do trabalho de um oncologista o reinventa para que ele possa se concentrar nas tarefas empáticas e emocionais que os humanos fazem melhor e que são vitalmente importantes na recuperação do paciente. Médicos assistidos pela visão gerada por IA também são mais precisos na prescrição de tratamentos medicamentosos.

A Tabela 3-3 sintetiza nossa descrição. Note como diversos tipos de automação convergem no trabalho de tratamento do câncer. A automação reinventa funções individuais, mas também cria oportunidades para sistematicamente reinventar as relações entre as funções. A automação substitui e também amplia as tarefas da oncologia e do tratamento de câncer. O objetivo deixa de ser o de executar um processo ou subprocesso e passa a ser o de solucionar e alcançar os objetivos estratégicos originais.

TABELA 3-3

Como a automação converge para reinventar o tratamento do câncer

Atividade	Papel da automação	Tipo de automação
Revisar as informações sobre o paciente	Substitui	RPA e automação cognitiva
Diagnosticar câncer	Amplia	Automação cognitiva
Avaliar e escolher os tipos de tratamento	Amplia	Automação cognitiva

(continua)

TABELA 3-3

Como a automação converge para reinventar o tratamento do câncer *(continuação)*

Atividade	Papel da automação	Tipo de automação
Executar o tratamento escolhido ou realizar uma cirurgia	Amplia	Robótica social
Coordenar o tratamento juntamente com a equipe de oncologia	Amplia	Automação cognitiva
Conduzir monitoramento, cuidados e aconselhamento pós-cirúrgicos	Cria	Automação cognitiva

À medida que a duração das habilidades continua a diminuir, a importância cada vez maior da requalificação está fazendo com que muitas organizações repensem os riscos associados com o emprego de tempo integral de modo a reduzir a obsolescência. As diferentes variações da automação das tarefas laborais como as apresentadas aqui podem produzir soluções viáveis para todas as preocupações que discutimos. Escolher a tecnologia correta para automatizar tarefas laborais e aumentar o desempenho é, consequentemente, crítico para as organizações, assim como é o alinhamento da tecnologia escolhida com o futuro abrangente da estratégia de trabalho. Reconhecer como a tecnologia e a IA podem proporcionar a equação desempenho versus valor gera uma vantagem competitiva significativa. Líderes bem-sucedidos serão aqueles capazes de reconhecer quais são os pontos fundamentais e em contínua evolução de seus modelos de negócios com implicações específicas para o trabalho, fazendo uma análise que vai além do escopo das funções em si, bem como capazes de entender o papel transformador que a IA pode desempenhar na redefinição da curva de desempenho para o trabalho do futuro.

Agora iremos combinar desconstrução, ROIP e automação em um conjunto de planos, visando otimizar o trabalho.

CAPÍTULO 4

Otimizando o Trabalho

Qual o Aspecto da Combinação Adequada entre Trabalho Humano e Automatizado?

Descrevemos como decompor o trabalho em seus elementos (Capítulo 1), como aplicar o conceito de ROIP de elementos laborais desconstruídos (Capítulo 2) e como as aplicações da automação do trabalho combinam características de elementos laborais (repetitividade, independência e "fisicalidade") com o papel da automação (substituir, ampliar ou criar) e o tipo de automação (RPA, cognitiva, social) (Capítulo 3).

Agora, combinaremos esses aspectos para compreender como as características dos elementos laborais nos ajudam a determinar o papel ideal da automação (a automação substitui, amplia ou cria trabalho novo?), o tipo ideal de automação e a natureza do benefício para a automação do trabalho.

Retornemos ao caso dos caixas automáticos.

Indo Além da Substituição de Caixas Humanos por Caixas Automáticos: Soluções Ideais para a Automação Bancária

Quando nos referimos a caixas automáticos, a pergunta imediata que nos vem à mente é: "Quantas pessoas podemos substituir pela automação?". Trata-se de uma ideia ingênua. Quando analistas de tecnologia pensam qual será a economia obtida substituindo-se caixas humanos por caixas automáticos o propósito deles é bem intencionado mas, na realidade, inadequado. Essa pergunta original pode apenas nos induzir à conclusão de que a resposta é apenas *sim* ou *não*, e o debate em torno disso pode se estender para sempre, pouco esclarecendo a questão.

Podemos pensar que substituir caixas humanos por máquinas seja a questão mas, ao desconstruirmos e acrescentarmos o ROIP, nos damos conta de que se obtém benefícios muito diferentes em termos de desempenho no trabalho ou automação a partir de mudanças em certas tarefas e de que o uso de caixas automáticos não é a resposta para todas elas. Para algumas tarefas, o benefício vem com a redução de erros, ao passo que para outras, ele advém da redução de variações em que esta substituição não agrega valor à experiência do cliente. Já para outras, o benefício vem do aumento incremental na produtividade ao passo que para outras ainda, ela exponencialmente cria trabalho novo ou melhora o desempenho. Portanto, quando observamos as características do cargo, nos damos conta de que o trabalho de um caixa de banco pode ser classificado como mais ou menos repetitivo (quanto mais repetitivo ele for, indica que a RPA ou algoritmos simples podem vir a funcionar), mais ou menos independente (quanto mais independente, indica que não precisamos de sensores ou robótica social para melhorar as interações humanas) e mais ou menos físico (quanto mais físico ele for, indica que a resposta incluirá automação física como robótica social versus automação cognitiva). Após termos mapeado as características do trabalho segundo essas diretrizes, nos daremos conta de que seria tolo de nossa parte usar caixas automáticos para aconselhar clientes, mas lógico usá-los para receber ou fornecer dinheiro e fazer a sua contagem (ou seja, automatizar trabalho repetitivo). Podemos nos dar conta de que grande parte do benefício obtido com os caixas automáticos está na redução de erros ou simplesmente na padronização da maneira de se fazer as coisas, que gera certo benefício mas não irá revolucionar o trabalho ou os serviços.

Também nos damos conta de que certos elementos do caixa, coisas que são mais cognitivas e contribuem para um valor de desempenho (ROIP) maior, poderiam ser automatizados, porém, é preciso algo diferente de um caixa automático. É preciso ter automação que melhore a qualidade das interações entre o caixa e o cliente. Também é preciso notar que a aplicação de automação a certos elementos laborais (contar as cédulas e receber/entregar o dinheiro) irá substituir o trabalho dos caixas ao passo que para outros elementos laborais a automação criará trabalho novo que não poderia ser feito sem a automação (acessar a ficha completa de serviços bancários utilizados pelo cliente bem como o seu histórico).

Avancemos rapidamente na história da automação bancária até a realidade dos dias de hoje. A verdadeira trajetória da automação do trabalho de um caixa de banco somente pode ser visualizada claramente com nosso modelo de quatro etapas capaz de examinar implicações nos custos, riscos e na qualidade dos diferentes tipos de automação, aplicados a diferentes tarefas laborais, cada uma das quais com um perfil de custos e ROIP diferente.

Os caixas de banco e seus líderes nos dias atuais têm opções de automação muito mais sofisticadas do que os simples caixas automáticos dos anos 1970 e tais opções estão evoluindo rapidamente. Algumas das tarefas cognitivas hoje são feitas por algoritmos ou IA que informam e ajudam o trabalhador humano. Já outras tarefas (como colaborar com aqueles que desenvolvem a linha de produtos do banco e com os responsáveis por processos) provavelmente permanecerão no domínio dos seres humanos por um bom tempo. A introdução da automação cria trabalho novo para os humanos. Veremos agora a perspectiva para a automação de processos ainda mais rotineiros (por exemplo, os caixas automáticos atualmente usam sensores óticos e AI para aceitar depósitos de cheques e para pagamento de impostos, deixando para os caixas humanos um atendimento muito mais personalizado. É verdade, isso é muito mais complexo do que simplesmente tabular quantos trabalhadores a automação irá substituir, mas também é muito mais preciso e fácil de ser colocado em prática.

Em Suma

Introduzimos as curvas de ROIP para as funções de piloto e comissário de bordo no Capítulo 2. Retornemos a essas duas funções e acrescentaremos nossos três tipos de automação ao ROIP para mostrar como este e a automação se combinam para revelar novos *insights*. Coloquemos a seguinte questão: "A RPA, a automação cognitiva e a robótica social podem substituir ou ampliar a capacidade humana no trabalho e qual seria o benefício resultante disso?".

Vamos dar uma olhada no lado direito da Figura 2-3 (Capítulo 2), no trecho com forte inclinação ascendente, da curva ROIP de um comissário de bordo. Como a automação cognitiva poderia ampliar as capacidades humanas visando proporcionar a melhor experiência para o cliente de modo a deslocar o desempenho para a extremidade direita no trecho íngreme da curva? A realidade aumentada impulsionada por computação cognitiva pode nos dar um nível de visão sem precedentes sobre as necessidades particulares de cada passageiro. Uma automação deste tipo ampliaria as capacidades dos comissários em elementos laborais que envolvem atenção ao cliente e permitiria a eles liberar todo o potencial de empenho a critério destes mesmos comissários de modo a proporcionar um atendimento altamente personalizado.

Consideremos agora como a robótica social pode afetar o lado esquerdo da curva (ROIP com valores negativos) no caso dos pilotos. Sem o emprego da automação, a maneira de se reduzir erros e obter um desempenho "nos padrões mínimos" envolveria investir em coisas como planos de carreira alongados de modo que os pilotos possam acumular experiência por meio de treinamento intensivo com o uso de simuladores de voo, preparando estes mesmos pilotos humanos para qualquer tipo de eventualidade. A robótica social (adição de IA com sensores a equipamentos físicos de cabine de pilotagem) pode substituir os pilotos em todas as tarefas envolvendo navegação rotineira e até mesmo pousos e decolagens, reduzindo significativamente a probabilidade de erro.

Consideremos também nosso exemplo do tratamento do câncer. A Tabela 4-1 a seguir mostra como todos os elementos de nosso modelo estruturado se refletem nas oportunidades de automação do trabalho para oncologistas.

Em suma, as três primeiras etapas (desconstrução do trabalho, descrição da ROIP das tarefas laborais e identificação das opções de automação) vêm juntas na quarta etapa: otimização da combinação entre trabalho humano e automação.

Outra maneira de se enxergar esse processo é por meio de uma série de perguntas:

1. Quais são as tarefas básicas e relevantes contidas nas funções?
2. Quais são as características do trabalho?
   a. Repetitivas x variáveis
   b. Independentes x interativas
   c. Físicas x intelectuais
3. Qual é o ROIP do trabalho?
   a. Reduzir os erros (ROIP negativo)
   b. Reduzir a variação (ROIP constante)
   c. Aumentar o valor incrementalmente (ROIP incremental)
   d. Aumentar o valor exponencialmente (ROIP exponencial)
4. A automação substitui o trabalho humano, o amplia ou cria trabalho novo?
5. Quais são os tipos de automação disponíveis (RPA, automação cognitiva ou robótica colaborativa ou social)?
6. Qual a maneira ideal de se combinar trabalho humano com trabalho automatizado nas funções e processos?

A Figura 4-1 ilustra nosso framework de quatro etapas. Este modelo pode ajudá-lo a percorrer as tarefas normalmente intimidadoras para a adoção de objetivos de automação estratégicos de alto nível e identificar de forma mais clara como reinventar funções e reconfigurar o trabalho e a sua organização para atender esses objetivos. Uma das melhores maneiras de se ver o modelo em ação é através de exemplos.

TABELA 4-1

O modelo de quatro etapas aplicado ao tratamento do câncer

			Características do elemento laboral			
Atividade	**ROIP (retorno sobre um melhor desempenho)**	**Repetitiva *versus* variável**	**Independente *versus* interativa**	**Física *versus* intelectual**	**Papel da automação**	**Tipo de automação**
Revisar as informações sobre o paciente	Várias formas diferentes, mesmo valor.	Repetitiva	Independente	Intelectual	Substitui	RPA e automação cognitiva
Diagnosticar câncer	Evita erros	Repetitiva	Independente	Intelectual	Amplia	Automação cognitiva
Avaliar e escolher os tipos de tratamento	Melhor desempenho produz aumentos incrementais de valor.	Variável	Independente	Intelectual	Amplia	Automação cognitiva
Executar o tratamento escolhido	Melhor desempenho produz aumentos incrementais de valor.	Variável	Interativa	Física	Amplia	Robótica social
Coordenar o tratamento com a equipe de oncologia	Melhor desempenho produz aumentos incrementais de valor.	Variável	Interativa	Intelectual	Amplia	Automação cognitiva
Monitorar cuidados e aconselhamento pós-tratamento	Melhor desempenho produz aumentos incrementais de valor.	Variável	Interativa	Intelectual	Cria	Automação cognitiva

FIGURA 4-1

Etapa 4: *Framework* para otimização do trabalho: a combinação adequada entre desconstrução, ROIP e automação

Etapa 1: Decompor o trabalho

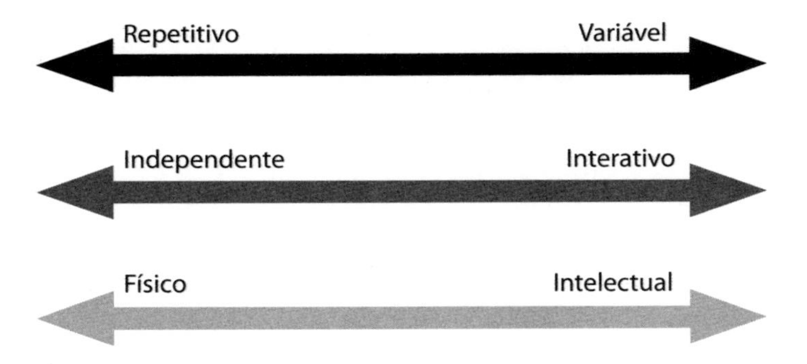

Etapa 2: ROIP para o espectro completo de nível de desempenho potencial

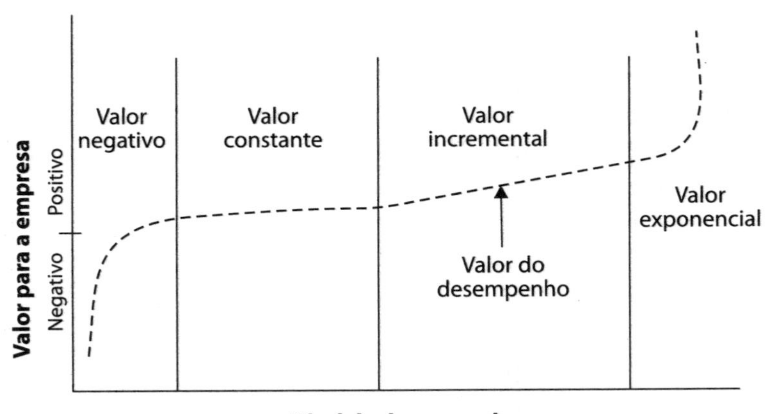

Etapa 3: Tipo de automação	**Exemplos de trabalho otimizado**
Automação de processos	▪ A RPA substitui trabalho repetitivo, independente e intelectual para reduzir erros.
Automação cognitiva	▪ A robótica social substitui trabalho repetitivo, independente e físico para reduzir a variação.
Robótica social	
Etapa 4: Papel da automação	▪ A automação amplia a capacidade do trabalho variável, interativo e intelectual para aumentar incrementalmente a produtividade.
Substituição	
Ampliação	▪ A automação cognitiva amplia a capacidade do trabalho variável, interativo e intelectual, aumentando exponencialmente o desempenho.
Transformação	▪ A robótica social cria trabalho novo variável, interativo e físico, aumentando exponencialmente o desempenho.

Nas próximas seções descreveremos exemplos relevantes que mostram como os elementos de nosso modelo se juntam para explicar a otimização da automação do trabalho. Tais exemplos não são abrangentes e não implicam que uma dada solução em particular sempre funcione melhor. Pelo contrário, eles mostram como usar o modelo para explicar e entender soluções de automação em evolução.

Obviamente, ao combinar diferentes elementos de cada uma das quatro etapas de nosso modelo, você poderá visualizar muitas possíveis opções de automação do trabalho. No Apêndice fornecemos uma tabela descrevendo uma lista abrangente de combinações factíveis e mostramos como cada exemplo se encaixa nesta lista.

Trabalho Repetitivo, Independente e Físico com ROIP Negativo: Substituição via Robótica Social

No passado, os fabricantes precisavam ter um departamento inteiro de trabalhadores para realizar inspeções de peças manufaturadas. Eis como a Compass Automation, fabricante de robôs para inspeção, descreve o processo:

> Este centro de usinagem inclui uma esteira transportadora de saída que leva as peças acabadas para o sistema automatizado. Assim que uma peça acabada entrar no sistema, uma cesta de coleta aceita peças da esteira transportadora, utilizando um sensor de proximidade para alertar o robô sobre a presença da peça na cesta. O robô LR Mate 200iC desloca a peça para uma estação de descarga onde o fluido de corte em excesso é eliminado da peça. O robô desloca então a peça para a New Vista Thread Verification Unit para inspeção. Esta unidade testa o passo e a profundidade das roscas internas da peça.
>
> Em seguida, o robô LR Mate 200iC desloca a peça para a estação de verificação visual onde um sistema de inspeção desenhado especialmente mede várias características geométricas da peça, inclusive a altura e o diâmetro dela.
>
> Finalmente, o robô desloca a peça para uma esteira transportadora de saída para pós-processamento e embalagem. Este sistema da

Compass Automation, juntamente com o LR Mate 200iC da FANUC tornou possível para o usuário final atender aos padrões estabelecidos por seus clientes para inspeção completa da peça na taxa de produção exigida. A Compass Automation modela completamente todos os sistemas sob encomenda antes de iniciar o processo de montagem.[1]

A inspeção de peças apresenta um clássico valor negativo para o ROIP. O valor aparece em peças detectadas como abaixo do padrão exigido. Não há nenhum valor incremental por exceder este padrão (por exemplo, procurar anomalias além dos defeitos-padrão), porém, há um custo substancial no caso de se perder uma peça que se encontre abaixo do padrão. A substituição de inspetores humanos por uma combinação de sensores visuais, IA e calibres de precisão permite a um robô social se deslocar pelo chão de fábrica para inspecionar peças com maior eficiência e menos erros. A solução automatizada reduz o ROIP negativo, pois ela funciona no mesmo ritmo de um inspetor humano, porém, com muito menos erros.

Este exemplo também se aplica a trabalho com risco significativo de lesões ou dano ambiental. A substituição de operários por automação pode ao mesmo tempo reduzir erros e evitar lesões ou até mesmo mortes. Estes talvez sejam os casos mais extremos para ROIP negativos. Por exemplo, a Rio Tinto empregou perfuradoras e caminhões basculantes automatizados em suas minas em Pilbara, Austrália. Isso resultou em um menor consumo de energia e melhor segurança para seus empregados.

Trabalho Repetitivo, Interativo e Físico com ROIP Incremental: Substituição via Robótica Social

Em plataformas para exploração de petróleo, tradicionalmente o trabalho de "estender tubulações" (isto é, interligar seções sequenciais de tubulação para estender a broca de perfuração para se atingir reservas de petróleo a grandes profundidades) é um processo manual envolvendo a interação entre vários trabalhadores e com um operador de sonda de perfuração supervisionando a partir de uma sala de controle. Hoje em dia, plataformas automatizadas (por exemplo, a iRig da Nabor Industries) são dotadas de serviços e equipamentos automatizados para estender tubulações que eliminam a necessidade de trabalho manual no piso da plataforma. Agora o operador de sonda de perfuração na sala de controle dirige e supervisiona a iRig.

Essa automatização melhora o desempenho (deslocando-se para cima e para a direita na curva ROIP incremental), resultado de um trabalho mais ágil e um número menor de acidentes.

Trabalho Variável, Independente e Físico com ROIP Exponencial: Ampliação via Robótica Social

Como detectar rapidamente vazamento de metano próximo de instalações produtoras de gás e derivados de petróleo? Os trabalhadores humanos normalmente levam câmeras infravermelhas em campos possivelmente contaminados, percorrendo o campo até visualizarem uma imagem detectada por infravermelho de um vazamento. Trata-se de um processo árduo e lento. Até mesmo o melhor trabalhador humano é capaz de identificar apenas a presença ou a ausência de um vazamento, mas não o seu tamanho ou extensão.

A Pacific Gas & Electric (PG&E) está testando drones para ampliar a capacidade dos trabalhadores humanos.[2] Esses drones foram usados pela primeira vez em Marte, para detectar a presença de metano no planeta. Agora eles podem cruzar regiões na Terra, em busca de possíveis e perigosos vazamentos de metano. A PG&E trabalhou com engenheiros do Laboratório de Propulsão a Jato da NASA e montou um sensor de espectrômetro a laser de campo aberto em um drone comercial simples. A tecnologia detecta vazamentos de forma mais rápida e precisa. Isso gera benefício, deslocando-se para cima e para a direita na curva ROIP incremental. Além disso, o drone pode monitorar locais de difícil alcance para seres humanos e é milhares de vezes mais sensível do que a tecnologia portátil usada por operadores humanos. Conforme disse um gerente: "Uma vaca libera mais metano do que os vazamentos que estamos testando hoje em dia." O trabalho de inspeção foi reinventado. Agora um trabalhador pilota o drone ao passo que outro monitora as leituras em um notebook.

Neste caso, a robótica social (drones voando entre seres humanos) aumenta o potencial do trabalho do homem. Primeiramente, ele aumenta o desempenho ao longo da curva ROIP incremental (detectando a existência de vazamentos de forma mais rápida e precisa). Em segundo lugar, ele torna os trabalhadores humanos exponencialmente mais valiosos do que jamais poderiam ser sem o emprego da automação. Isso provoca ROIP exponencial, deslocando o desempenho para uma nova curva ROIP de maior inclinação (medindo vazamentos anteriormente indetectáveis em locais que o homem não consegue chegar e medindo tanto a presença quanto a gravidade do vazamento).

Muitos trabalhos relacionados foram reinventados. O drone agora realiza as tarefas de ter acesso e efetuar medições. É criada a nova tarefa de pilotar o drone. Os inspetores humanos ainda realizam as tarefas de escolher o local e de interpretar as leituras das medições. Os seres humanos realizam as tarefas analíticas, mas agora de posse de dados muito mais precisos e completos. O drone substitui o homem em algumas tarefas, amplia a capacidade deles em outras e ainda pode criar outras tarefas, geralmente deslocando engenheiros para se concentrarem naquelas com ROIP exponencial.

Trabalho Variável, Interativo e Físico com ROIP Exponencial: Ampliação via Robótica Social

O Smart Tissue Autonomous Robot (STAR) é um exemplo desta combinação (Capítulo 3). Um robô social munido de sensores precisos e IA assume as tarefas físicas da cirurgia, interagindo com o cirurgião e o paciente e lidando com situações que podem variar entre os pacientes e as condições cirúrgicas. Isso aumenta exponencialmente o valor do desempenho do cirurgião humano. Agora eles podem delegar ao STAR tarefas mais rotineiras ou tediosas e que um robô realiza melhor. Por sua vez, os cirurgiões ficam mais seguros e menos suscetíveis a erros nestas tarefas. Além disso, o STAR amplia a capacidade do cirurgião em tarefas mais complexas e que envolvem avaliação e discernimento, permitindo que cirurgiões outrora medianos atinjam resultados comparáveis aos dos melhores cirurgiões. Isso cria uma curva ROIP de desempenho exponencial nova.

Trabalho Repetitivo, Independente e Intelectual com ROIP Negativo e ROIP Incremental: Substituição por RPA

Empresas do mercado financeiro estão se vendo diante de custos cada vez mais elevados para atender questões de *compliance (conformidade)*. De acordo com o Institute for International Finance, atividades relacionadas à *compliance* podem custar cerca de US$ 1 bilhão por ano para uma instituição financeira. Grande parte deste custo pode ser atribuído ao trabalho dos analistas de crédito,que inclui tarefas que melhoram o nível de cumprimento a exigências, como conhecer o seu cliente. Essa exigência regulatória dita que os bancos devem demonstrar que eles conhecem a pessoa que está solicitando um empréstimo a eles ou que está adquirindo produtos deles. O banco precisa demonstrar que sabe como os seus clientes usam estes fundos para evitar, por exemplo, fazer um empréstimo a um traficante de drogas ou a alguém que lava dinheiro. Quando alguém solicita um empréstimo garantido por hipoteca, entre as tarefas do analista está reunir informações do pretendente a partir do banco de dados do banco, levantar um histórico creditício a partir de agências de classificação creditícia, analisar os registros de IR do tomador do empréstimo e varrer as redes sociais em busca de indícios de risco em relação ao indivíduo em questão. Este trabalho consome muito tempo e é sujeito a erros, resultando tanto em decisões incorretas como possíveis violações de leis estaduais e federais.

Atualmente, a RPA pode executar muitas dessas tarefas. A RPA reúne dados a partir de diversas fontes, integra os dados e apresenta um panorama completo do cliente com um número de erros bem menor e por uma fração do custo e do tempo de um analista humano. A McKinsey & Company estima que tal automação vai gerar um retorno sobre o investimento entre 30% e 200% apenas no primeiro ano.[3] Além disso, a redução nos erros significa menos inadimplência, aumento no nível de satisfação do cliente e taxas de desistência menores, como em pedidos de empréstimo. Esses objetivos estratégicos podem ser cumpridos somente reinventando-se a função de analista de crédito e transformando o processo de aprovação. Como a RPA substitui certas tarefas desenvolvidas por seres humanos, os analistas de crédito poderão dedicar mais tempo no atendimento ao cliente (por exemplo, explicando os motivos para um pedido de empréstimo ter sido negado e apresentar sugestões para que o cliente possa melhorar sua classificação creditícia e tratar de exceções incomuns). Nesse caso, o trabalho do analista foi reinventado, desconstruindo-o de modo a separar as tarefas de coleta de dados e avaliação de risco do cliente usando regras fixas das tarefas de apoio ao cliente e de tratamento das exceções. A automação substitui trabalhadores nas primeiras tarefas, liberando-os para criar maior valor nas últimas.

A RPA também melhora a escala. Um pico em pedidos de empréstimo garantido por hipoteca devido a um corte na taxa de juros poderia exigir, tradicionalmente, o emprego de trabalhadores extras no fim de semana. Com a RPA, poder-se-ia adicionar robôs para executar o trabalho e depois dispensá-los na segunda-feira.

Otimizar a automação do trabalho substituindo-se trabalhadores humanos por RPA melhora o ROIP de valor negativo por meio da redução de erros. Deslocar os trabalhadores humanos para realizar contato com os clientes e analisar casos incomuns os transfere para tarefas com ROIP de valor incremental, em que o aumento no desempenho agrega mais valor.

Trabalho Repetitivo, Independente e Intelectual com ROIP Incremental: Substituição e Ampliação via Automação Cognitiva

A atividade de recrutamento consome muito tempo em qualquer organização. Os recrutadores gastam tempo significativo anunciando cargos, analisando candidatos, avaliando suas habilidades e adequação e depois agendando entrevistas. Esse tipo de automação de trabalho tem as mesmas características dos dois anteriores são repetitivos, independentes e intelectuais, porém, aqui deslocamos o desempenho para a direita em uma curva ROIP incremental; a otimização da automação do trabalho amplia as capacidades dos trabalhadores humanos *versus* a substituição de seus trabalhos. Este exemplo também usa automação cognitiva, não RPA.

A automação cognitiva pode ampliar algumas das tarefas laborais dos recrutadores. A Unilever usa IA para o suprimento de candidatos, colocando anúncios em plataformas como Facebook, WayUp e Muse. Os candidatos clicam em anúncios e se candidatam por meio de seus perfis do LinkedIn. A Unilever recebe centenas de milhares de pedidos de emprego desses candidatos. Tradicionalmente, os recrutadores humanos leriam tais pedidos, classificando-os segundo o critério deles serem claramente qualificados ou o contrário. A Unilever lidou com este volume de candidatos criando um algoritmo que seleciona as qualificações do candidato, separando os candidatos qualificados daqueles não qualificados. Os candidatos qualificados completam uma série de jogos, testes e gravação de vídeos *on-line*. Por fim, o sistema de IA organiza os dados resultantes e as notas de cada candidato usando regras programadas, identificando quais deles deveriam passar por uma entrevista pessoal. A Unilever diz que faz uma oferta de emprego a 80% dos candidatos que passaram por uma entrevista pessoal usando esse método, contra 63% antes do uso da IA no processo seletivo.[4]

O método da Unilever de usar IA é similar àquele usado pelo setor financeiro para selecionar analistas de crédito, uma espécie de "auditoria" de candidatos. Sistemas de filtragem com IA como este dispensam os seres humanos de fazerem tarefas de recrutamento repetitivas, reduzindo custos com mão de obra e erros humanos.

A automação também desconstrói o trabalho do recrutador de modo que as tarefas repetitivas sejam separadas daquelas do trabalho mais humano de entrevistar os candidatos. Os trabalhadores humanos agora se concentram em tarefas mais nobres, após as qualificações dos candidatos terem sido avaliadas rapidamente e de forma imparcial. Além disso, os seres humanos agora podem focar em fornecer um atendimento mais personalizado para os candidatos de melhor perfil, eliminando grande parte do estresse associado a funções em constante mudança. Em suma, ao substituir seres humanos pela automação nas tarefas repetitivas, os recrutadores ficam disponíveis para as tarefas não repetitivas e interativas de ajudar os candidatos a percorrerem os processos de seleção e de integração e socialização, atuando como um único ponto de parada para atender a suas ansiedades e preocupações.

Algumas vezes a automação cognitiva amplia as capacidades dos seres humanos interagindo com eles. O sistema analítico de investimentos da Kensho Technologies permite aos gerentes de investimentos no mercado financeiro articularem perguntas em inglês e receber respostas em segundos. Eles podem perguntar em voz alta, por exemplo: "Quais setores e atividades apresentam um melhor desempenho três meses antes e três meses depois de um aumento brusco nas taxas?" Todo analista humano que realiza tarefas de explorar diferentes cenários futuros agora gera valor muito maior e mais rapidamente.

Ambos os exemplos se concentram nas tarefas que incluem trabalho repetitivo, independente e intelectual com ROIP incremental. A automação cognitiva substitui ou amplia a capacidade do trabalho humano, deslocando o desempenho para a direita e no trecho ascendente da curva ROIP incremental, aumentando o desempenho na avaliação de um candidato ou investimento. A automação analisa um volume maior de informações mais rapidamente e com melhor qualidade e menos parcialidade. Conforme já visto, esta substituição também permite à empresa transferir trabalhadores humanos para tarefas de maior valor agregado.

Trabalho Repetitivo, Interativo e Intelectual com ROIP Incremental: Ampliação via Automação Cognitiva

Como fazer a manutenção de frotas de aeronaves, veículos e turbinas eólicas? Tradicionalmente, um verdadeiro exército de técnicos competentes e experientes da GE era deslocado até seus clientes para efetuar a manutenção. O trabalho incluía a tarefa de decidir o tipo de manutenção necessária, por meio do uso de regras práticas baseadas em fatores como o tempo em que a máquina permaneceu operando, a carga e as condições ambientais, e assim por diante. O trabalho dos técnicos também abrangia a tarefa de compartilhar experiências (ou as melhores práticas que eles descobriram) por meio do envio de mensagens para quadros de avisos eletrônicos ou centros de processamento, acessíveis a outras equipes de técnicos. O trabalho é repetitivo, pois eles executam as mesmas tarefas em uma sequência específica. Ele é interativo, pois os técnicos em cada equipe no local precisam colaborar e equipes distintas colaboram na plataforma de aprendizagem comum. Ele é intelectual, pois envolve decidir quais informações reunir e depois analisá-las para escolher o melhor método de manutenção. Obviamente, o trabalho de um técnico de manutenção também envolve tarefas físicas para executar a atividade, mas aqui focaremos nas tarefas de coleta de dados, análise e diagnóstico. O método tradicional usando técnicos humanos gera um tempo significativo de inoperância dos equipamentos, pois os clientes tinham que aguardar o agendamento de equipes de técnicos ou equipes diante de novas situações que exigiam tempo de aprendizagem ou porque a plataforma central aguardava informações atualizadas sobre as melhores práticas das equipes de campo.

Os objetivos estratégicos da GE eram reduzir drasticamente o tempo de inoperância, realizar manutenção apenas quando necessário e oferecer dados mais completos e personalizados e melhores práticas para técnicos humanos em campo. O GE fez isso reinventando o trabalho técnico usando IA, especificamente aprendizagem de máquina, tirando proveito do poder dos sensores, *big data* e IoT.[5] A GE criou um "gêmeo digital", uma réplica digital de equipamentos como motor a jato, turbinas a gás ou turbinas eólicas. Os sensores no equipamento real coletam dados sobre os atributos da máquina e ambiente operacional (calor, vibração, ruído, etc.) e os dados são organizados no gêmeo digital simulado que agora replica o desempenho da máquina física. O GE programa então o gêmeo digital para simular cenários diferentes (cargas, durações, condições ambientais, etc.). Usando os dados da simulação, a IA pode diagnosticar falhas e prever necessidades de manutenção, a IA pode então criar cronogramas de manutenção e enviar alertas e melhores práticas recomendadas para os técnicos da GE em campo. Os vários gêmeos digitais podem então ser ligados a agregações miméticas do equipamento real (isto é, uma fábrica inteira) ou veículos (frotas de aeronaves ou caminhões), permitindo análise não apenas do desempenho de cada máquina individual, mas o comportamento coletivo e integrado da rede de máquinas.

Dados de milhares de máquinas reais fluem perpétua e constantemente nos modelos irmãos-digitais. Pelo fato de as variáveis afetarem o desempenho da máquina e a manutenção ótima variar com o tempo e conforme as circunstâncias, a manutenção ótima não é simplesmente uma questão de encontrar uma fórmula e segui-la consistentemente. Com os técnicos humanos, a melhor solução disponível normalmente era adotar uma abordagem consistente, pois não era possível personalizar a abordagem a cada situação. Com a automação, os algoritmos de otimização e abordagens podem ser constantemente atualizados com o fluxo de dados adicionais. Essa aprendizagem de máquina permite à tecnologia aprender a partir de novos dados e modificar modelos preditivos ao longo do tempo, identificando anomalias e tendências e compreendendo padrões. A aprendizagem de máquina pode identificar eficiências em uma máquina ou situação e aplicá-la como uma melhor prática em outras. Em 2017, a GE tinha cerca de 750 mil gêmeos digitais e continuava a adicionar outros.

Nesta situação, a aprendizagem de máquina requer uma combinação de sensores, Internet das Coisas, *big data* e Web 2.0. Um sistema sem aprendizagem de máquina deve depender daquilo que um único cliente é capaz de observar ou que cada equipe técnica consegue aprender e transmitir para outras equipes. Otimizar a combinação entre seres humanos e aprendizagem de máquina permite à GE tirar proveito de um enorme volume de dados, análise e aprendizagem entre todas as organizações que usam seus produtos. Há também um efeito de rede, pois quanto mais a GE aprende, mais clientes se beneficiam por optar por motores da GE, o que faz a rede crescer, aumentar o aprendizado e assim por diante.

Isso incrementou o desempenho dos técnicos em equipes de manutenção, deslocando-os para a direita ao longo da curva ROIP de valor incremental, mas também cria uma curva ROIP de valor exponencial para o desempenho deles. Isso porque a aprendizagem de máquina aumenta o desempenho em tarefas como escolher cronogramas de manutenção e formas de abordar o problema. Agora, quando uma equipe técnica chega ao local onde está instalado o equipamento, já lhes são relatados os melhores métodos a serem aplicados para se efetuar a manutenção para aquele equipamento em particular. Esses métodos se baseiam não apenas na experiência da equipe como também nos dados de todos os outros equipamentos similares e nas informações do gêmeo daquela dada máquina. Agora cada uma das equipes técnicas são exponencialmente mais valiosas porque os técnicos são alocados de forma exponencialmente mais eficiente, se deslocando para o local quando realmente for necessário. Eles também executam as atividades de manutenção que são mais corretas.

Trabalho Variável, Independente e Intelectual com ROIP Exponencial: Ampliação via Automação Cognitiva

O projeto e desenvolvimento de produtos é um trabalho variável, independente e intelectual. A automação cognitiva acelera o ciclo de desenvolvimento de um produto por meio da ampliação das capacidades dos compradores, dando a eles uma visão melhor do que é necessário.

O modelo Black Box da Coca-Cola dá suporte ao objetivo estratégico da empresa de produzir o suco Simply Orange com um perfil de sabor consistente, mesmo que os fornecedores de sumo de laranja mudem devido a questões climáticas ou outros fatores relacionados à colheita.[6] O modelo Black Box é automação cognitiva que usa algoritmos para prever padrões climáticos e volumes de safra esperados. Esses resultados informam o setor de compra de ingredientes para o suco Simply Orange, chegando a um sabor parecido mesmo com uma grande variação na qualidade e nos volumes das colheitas. O modelo automatizado possibilita atualizações minuto a minuto para os planos de suprimentos se as condições climáticas ameaçarem prejudicar as plantações. No passado o processo dependia de planejadores humanos que simplesmente não conseguiam reunir e analisar os dados necessários de uma forma suficientemente rápida. Havia uma variação significativa tanto na qualidade quanto na quantidade do produto devido a reações lentas ou inapropriadas a condições climáticas não previstas. Hoje em dia o modelo Black Box fornece aos planejadores recomendações muito mais precisas e rápidas, aumentando exponencialmente o valor do desempenho deles.

A Stitch Fix, varejista *on-line* no setor de moda, vende coleções que nem mesmo os clientes sabem que querem. Como prever o gosto do cliente mesmo antes de ele mesmo saber? A Stitch Fix faz isso combinando a inteligência artificial com a inteligência humana. Ela reinventou o trabalho de seus 3.400 estilistas de moda que interagem com os clientes, a maioria deles trabalhando a partir de suas casas. Os clientes da Stitch Fix iniciam suas compras preenchendo um extenso questionário interativo, impulsionado por IA. Se um cliente disser que usa blusa tamanho médio, o questionário interativo é programado para perguntar se normalmente blusas deste tamanho ficam folgadas ou justas. Outras perguntas são: "Na empresa em que você trabalha é exigido o uso de roupas sociais ou informais?"; "Você se aventura na renovação de seu guarda-roupa?"; "Qual destas quinze cores você prefere usar?" e "Você prefere *jeans* apertado, folgado ou ambos?". Um banco de dados é alimentado com os dados desses questionários juntamente com dados coletados da Web como perfis de redes sociais, fóruns sobre estilos de moda no Pinterest e assim por diante.

Os clientes recebem pedidos periódicos de roupas escolhidas para eles. Eles não veem as roupas antes de recebê-las; eles pagam uma taxa de US$ 20 para receber cada caixa com roupas, mas podem devolver as peças sem custo adicional. As caixas de roupas são montadas através do trabalho de estilistas com suas capacidades ampliadas pela IA. O algoritmo de estilo com IA seleciona itens que ele calcula que o cliente irá querer. Estas seleções são enviadas para estilistas humanos. O estilista é emparelhado com um cliente compatível, novamente por um algoritmo. O estilista então ajusta e otimiza as escolhas do computador para produzir o sortimento que é finalmente entregue ao cliente.

Essa combinação entre IA e estilistas revela maneiras sutis de se combinar trabalho humano e automatizado. O responsável pelos algoritmos da Stitch Fix, Eric Colson, diz: "Descobrimos com isso que há atividades que os seres humanos conseguem desenvolver muito melhor", como curadoria de moda, ver o conjunto como um todo, improvisar e se relacionar com outros seres humanos.[7]

O trabalho de estilista foi reinventado como uma colaboração integrada com a automação cognitiva. Os estilistas realizam tarefas em que a atuação deles pode agregar valor, como curadoria, improvisação e relacionamento com as pessoas. A tecnologia cognitiva assume tarefas que os seres humanos não fazem tão bem, como reunir e analisar dados e produzir diretrizes para tomada de decisão. O mais importante é que os resultados da automação cognitiva tornam o valor do desempenho de cada estilista melhor, pois eles podem usar as regras para a tomada de decisão e os resultados da automação cognitiva como ponto de partida.

Trabalho Variável, Interativo e Intelectual com ROIP Exponencial: Ampliação via Automação Cognitiva

Os exemplos anteriores focaram no trabalho independente. Agora discutiremos exemplos semelhantes já que eles também são intelectuais e variáveis, mas são interativos. Novamente, a automação cognitiva amplia as capacidades do trabalhador humano, mas a natureza interativa do trabalho significa que isso acontece de forma diferente.

Trabalhos relacionados com *call centers* são interativos e nem sempre de maneira agradável. Tradicionalmente, os operadores de *call center* ficam sabendo se o cliente está irritado somente após responder a chamada. Ou eles nem conseguem saber se o cliente está irritado por eles interagirem apenas via texto ou *chat*. Isso significa que a resposta inicial a um cliente irritado ou frustrado normalmente é muito genérica ou sem revelar emoção. Da mesma forma, o atendente de *call center* que recebe a chamada talvez não seja o mais indicado para lidar com clientes irritados ou frustrados.

O Ocado Group, um supermercado *on-line* com sede no Reino Unido, usa ferramentas de IA do Google para analisar linguagem e converter a fala em texto.[8] Essas ferramentas identificam os clientes irritados localizando padrões de linguagem em *e-mails* e telefonemas que a pesquisa do Google mostra estarem associados à raiva, frustração e irritação. Atualmente, os especialistas em atendimento ao cliente são notificados de que o cliente está irritado antes de atenderem uma chamada. Eles podem então responder com empatia e emoção adequadas, aliviar a tensão e, quem sabe, transformar um detrator em um divulgador da empresa.

Assim como os técnicos da GE se beneficiam com a análise do gêmeo digital, aqui a automação amplia a capacidade do trabalhador humano fornecendo a ele informações baseadas em bancos de dados que de outra forma não estariam disponíveis a ele.

Neste exemplo de trabalho interativo, a automação cognitiva também aperfeiçoa a comunicação entre o cliente e o prestador de serviços. Isso faz com que imediatamente todos os representantes de atendimento ao cliente se tornem mais valiosos do que antes, quando tinham de adivinhar se o cliente estava irritado.

Esse tipo de otimização da automação do trabalho também se aplica a funções que usam conhecimento adquirido através de pesquisa para gerar soluções criativas. Um bom exemplo é o ramo jurídico que normalmente envolve a leitura de casos anteriores para tentar achar precedentes e padrões de julgamento. A função agora pode ser reinventada de modo a incluir IA e fazer perguntas ao Watson da IBM sobre casos relevantes antes de se elaborar uma estratégia de defesa. Ou o trabalho de um arquiteto também pode ser reinventado para projetar prédios com a ajuda de sistemas de IA que analisam condições de tráfego, demográficas, climáticas e sociais bem como topografia do local de modo a sugerir combinações de orientação segundo as quais o prédio deve ser construído, localização dos itens relacionados com conforto e assim por diante.

Em cada um destes exemplos, o trabalho reinventado transfere parte das tarefas para a automação, mantém outras com os seres humanos, mas também amplia a capacidade dos trabalhadores para criar desempenho ou trabalho novo que não seriam possíveis usando-se exclusivamente a automação ou o ser humano.

Transformando o Setor de Seguros pela Reinvenção de Funções ou Processos

Nossos exemplos anteriores examinaram funções isoladas ou muito relacionadas entre si para que estes fossem bem claros. Na realidade, a otimização da automação do trabalho transforma muitas funções envolvidas em processos inteiros. A automação ao mesmo tempo substitui, amplia e cria novo trabalho humano. Em capítulos mais à frente, descreveremos as implicações para o desenho das empresas e da liderança, porém agora, iremos discutir a transformação dos processos tomando como base o setor de seguros.

O setor de seguros é ideal para a otimização da automação do trabalho. Sua infinidade de regulamentações de abrangência nacional e mundial gera muita ineficiência. Seus modelos de distribuição complicados e ideias obscuras em relação a seus dados há muito têm limitado a fixação de preços de seus produtos. Por exemplo, os prêmios de seguro de automóvel são em grande parte determinados pela pontuação obtida pelo motorista, mas esta pontuação prevê menos do que 30% de diferença no perfil de risco entre os condutores de veículos.

A RPA, automação cognitiva e a robótica social convergiram para transformar o seguro para ressarcimento de danos materiais e pessoais de modo a solucionar essa ampla gama de problemas estratégicos tão variados. A execução estratégica requer uma análise profunda do trabalho e decisões claras sobre como otimizar combinações entre trabalho automatizado e trabalho humano, bem como reinventar grupos inteiros de trabalhos para dar apoio a tal otimização.

Pedido de Indenização de Seguros antes da Automação

Diante de um acidente de trânsito, o processo tradicional para solicitar indenização envolve muitas etapas e pessoas.[9] Primeiramente, deve-se ligar para a companhia de seguros. Um representante de atendimento ao cliente registra os detalhes sobre o acidente em um banco de dados. Isso aciona uma notificação para um perito em sinistros dirigir-se até o local ou então para dar um endereço em que o assegurado deve levar o seu carro. O perito avalia os danos, o custo das peças e da mão de obra e depois informa a indenização estimada para reparo dos danos. O assegurado escolhe uma das oficinas mecânicas credenciadas pela seguradora e informa ao perito em indenização que, por sua vez, notifica a oficina. O perito introduz a sua escolha no sistema, e o sistema envia a avaliação dos danos e o preço estimado para a oficina mecânica escolhida. Assim que os reparos forem iniciados, pode ser que os mecânicos percebam danos adicionais que não foram vistos pelo perito em campo. Isso irá disparar novas notificações, uma visita ou uma ligação para o perito para conciliar as estimativas de danos e mais negociações. Finalmente, depois de se chegar a um acordo, a oficina pode realizar os reparos e ser reembolsada pela companhia de seguros. Esse processo pode levar dias ou semanas. Ele está sujeito a erros. Além disso, ele tem pouca memória, porque é gerada pouca inteligência, muito embora haja centenas destas transações todos os dias.

Pedido de Indenização de Seguros depois da Automação do Trabalho

Obviamente, há várias maneiras por meio das quais a automação poderia melhorar esse processo. É tentador formular novas abordagens em que a tecnologia substitui o homem, inserir tecnologia em cada transação para reduzir custos e erros, e assim por diante. Entretanto, essas ideias exigem trabalho cuidadoso e preciso que otimize as combinações entre ser humano e automação. Isso significa que deve-se usar automação onde faz sentido, evitando-a onde ela não faz e reinventando o trabalho de modo a refletir as combinações ideais.

Qual é o novo processo otimizado? A primeira etapa da automação do trabalho nem mesmo envolve funções laborais existentes na companhia de seguros. Praticamente todo mundo tem um celular com câmera, de modo que o assegurado pode usar seu celular para tirar uma foto do sinistro. Ele envia essa foto para o banco de dados de sua companhia de seguros. Se o veículo sinistrado estiver em um local distante ou perigoso ou se o cliente está ferido ou incapacitado de tirar uma foto, um drone controlado por um operador da seguradora pode ser enviado para tirar fotos do acidente.

Assim que as fotos estiverem nos bancos de dados da companhia, as imagens são lincadas aos registros da montadora da marca e modelo do veículo. A automação cognitiva entra então em ação. Esses algoritmos aprendem perpetuamente a partir do envio de milhares de imagens de carros sinistrados todos os dias e de milhões de imagens adicionais já armazenadas nos bancos de dados da companhia. Ela é capaz de analisar a imagem para determinar o local do acidente, como o para-choque e o para-lama traseiro direito. Na realidade, é possível que o celular do assegurado reconheça o tipo e a natureza do dano antes de as imagens serem enviadas para a companhia de seguros. Isso não requer que as companhias de seguros implementem sistemas de IA para reconhecimento de imagens. Em 2017, os fabricantes de *chips* para câmeras já estavam adicionando "inteligência" às câmeras, permitindo à câmera extrair informações como reconhecimento facial.[10] Tal tecnologia pode, na realidade, fazer o reconhecimento automatizado de imagens que avalia danos de forma mais completa e precisa do que um perito humano. A tecnologia pode reconhecer quando uma avaliação de danos é incomum ou obscura e enviar a sua avaliação para um perito humano para verificação ou análise adicional. Essa tecnologia cria novo trabalho à medida que os peritos humanos a treinam.

A etapa seguinte usa RPA. Ela encontra e conecta dados em todos os pedidos de ressarcimento envolvendo veículos similares com danos similares e dados relacionados sobre peças e custo com mão de obra de funilarias autorizadas na região. Sem nenhuma intervenção humana, a RPA e a IA são capazes de criar uma avaliação detalhada que determina o custo do reparo em questão, o prazo de entrega e a probabilidade de serem necessários reparos adicionais.

Os empregos dos peritos são reinventados. As câmeras dos celulares e os drones substituem as tarefas rotineiras de avaliação em campo. A automação cognitiva agora substitui as tarefas rotineiras de estimativa de perdas e danos. O trabalho do perito não desaparece, mas é reinventado. Agora as tarefas dos peritos enfatizam a análise automatizada. Eles também podem se concentrar em dar atenção às partes envolvidas (isto é, o assegurado, a funilaria, outros motoristas envolvidos no acidente, etc.). O trabalho de perito evolui, passando da execução de transações individuais rotineiras para a revisão do produto gerado pela automação, a supervisão das várias interações com as partes envolvidas e o fornecimento de atendimento mais personalizado.

Esse processo agora leva horas, em vez de dias. A análise dos danos a partir da combinação ótima entre trabalho humano e automatizado é mais precisa e a preparação do pedido de indenização já se baseia em milhares de casos similares. Portanto, a cotação apresentada para a oficina mecânica é mais completa e precisa, reduzindo a chance de se encontrar outros danos não percebidos ou a omissão de peças importantes ou de mão de obra. Entretanto, esses resultados estratégicos atraentes não foram atingidos simplesmente substituindo-se analistas por algoritmos. Eles exigiram a reinvenção de vários processos e funções laborais.

Até agora nosso exemplo se concentrou em tornar o processo mais eficiente e preciso. Porém, essa otimização gera um benefício muito mais amplo e estratégico ao mudar a própria natureza da fixação dos preços de seguro.

Lembre-se de que tradicionalmente a fixação dos preços de prêmios de seguro usava a avaliação creditícia como elemento balizador para o risco de acidente e inadimplência do assegurado. Agora, as informações obtidas com o processo de pedidos de indenização de seguros transformam a fixação dos preços de seguros. As seguradoras podem fixar o preço de seus produtos levando em conta o risco histórico da região em que o assegurado costuma dirigir como, por exemplo, o número de acidentes que ocorreram historicamente nas vias de locomoção preferidas. Ele pode levar em conta o custo histórico preciso de peças e mão de obra para o mesmo tipo de veículo do assegurado e até mesmo o estilo de direção dele. Repetindo, trata-se de um benefício estratégico inovador, mas ele somente é possível se as companhias fizerem a otimização do trabalho de forma correta.

A mudança estratégica disruptiva não para por aí. Ao mesmo tempo em que a automação aperfeiçoa câmeras, drones e algoritmos, a própria natureza do automóvel está mudando. Veículos autônomos (sem a presença de um motorista para dirigi-los) são cada vez mais comuns. Quando se combina veículos autônomos com estimativas de risco e pedidos de indenização melhores, o próprio foco da fixação de preços de seguros muda. Tradicionalmente, o motorista humano é o foco da estimativa de riscos (locais por onde se trafega, estilo de direção, de manutenção, etc.) e a fixação do preço do seguro se baseia no indivíduo.

Com a tecnologia de veículos autônomos e a análise de reparos e os pedidos de indenização aperfeiçoados, o *veículo* se torna o fator de risco. Agora uma companhia de seguros pode praticar preços mínimos, ajustando o prêmio de seguro minuto a minuto tomando como base a condição do veículo, as condições climáticas, o local por onde se trafega e o estilo de direção. Por exemplo, o prêmio de seguro pode sofrer altas sempre que o motorista assumir o comando do veículo e diminuir caso esteja sendo usada a capacidade autônoma do veículo. Quando a IA e os sensores conseguem rastrear veículos continuamente, o fabricante de automóveis pode se tornar o assegurador.

É exatamente isso que está acontecendo à medida que a Tesla começa a oferecer seguro de automóveis. Na Ásia, a Tesla fez parcerias com seguradoras bem estabelecidas no mercado para oferecer seguros de automóvel personalizados que levam em conta as características de segurança do piloto automático de seus veículos. À medida que a Tesla avança na criação de veículos totalmente autônomos, a empresa se estabelece em uma posição única para realmente concorrer com seguradoras que trabalham com seguros para ressarcimento de danos materiais e pessoais tradicionais. A Tesla, com dados mais completos e tecnologia analítica superior, pode oferecer preços de seguro menores, pois ela tem a capacidade de oferecer preços mínimos de forma mais precisa que as seguradoras tradicionais.[11]

As implicações estratégicas vão além de uma maior precisão no estabelecimento de preços e na estimativa dos pedidos de indenização. Você já deve ter percebido que se a automação possibilita uma análise e monitoramento contínuos do desempenho e comportamento do veículo, ela também permite que se mude de um seguro que paga por acidentes ocorridos para um que evite, em primeiro lugar, a ocorrência desses acidentes. Isso requer que se estenda a automação de processos além da análise e estabelecimento de preços de seguro.

A William Towers Watson anunciou recentemente uma parceria com a Roost, fabricante de tecnologias para casas inteligentes, como termostatos e câmeras de segurança automatizadas cognitivamente.[12] A parceria visa reunir empresas de dispositivos para casas inteligentes e companhias de seguros, possibilitando que companhias que fazem seguros residenciais usem IA e IoT para minimizar perdas por alagamento/inundação e incêndio. A análise e o monitoramento contínuos de dados alimentados pelos dispositivos para casas inteligentes podem permitir uma maior precisão na estimativa de preços de seguros residenciais e análise de pedidos de indenização, mas também pode diminuir o número desses pedidos. Uma companhia de seguros poderia oferecer a seus assegurados um *kit* com alarmes inteligentes para a detecção de fumaça e detectores de vazamento de água fabricados pela Roost e um acordo para enviar notificações para os *smartphones* dos clientes quando houver suspeita de um vazamento ou incêndio. Essa integração entre setores de atividade oferece a possibilidade para que companhias de seguros consigam ter ideias a partir da transmissão de dados residencial, tirando proveito de dados já coletados pelas empresas de transmissão em vez de fazerem grandes investimentos em recursos de transmissão próprios, permitindo a elas mudarem mais rapidamente o seu foco, passando de ressarcimento por perdas para mitigação de riscos.

Imagine como a otimização das combinações entre trabalho humano e automação reinventa funções ao longo deste processo. Haverá um número menor de peritos em indenização em campo executando trabalho perigoso ou tedioso, à medida que a IA transfere tarefas para os clientes e drones. Gerentes de riscos e de *compliance* de outrora verão tarefas rotineiras serem transferidas para *bots** que são menos suscetíveis e erros ou menos fraudulentos, apoiados por sofisticados modelos cognitivos que prognosticam qualidade e *compliance*. Em *call centers*, gerentes que antes supervisionavam detalhes das ligações passarão a operar sofisticados consultores robotizados. O pessoal de vendas gastará menos tempo explicando características rotineiras aos clientes, pois os clientes usarão *bots* algorítmicos que oferecem produtos de seguros precisamente ajustados aos seus hábitos de direção, localização e residência. Tais algoritmos rodarão em plataformas globais que interconectarão produtos de consumo como celulares e termostatos a bancos de dados de empresas varejistas, financeiras e de entretenimento até mesmo empresas de serviços de telecomunicação.

---

* Bot é um software utilizado para tarefas ordinárias ou muito longas, especialmente aquelas de busca de determinadas informações na Internet (mecanismos de busca). Também uma abreviatura para robô. *Fonte*: Oxford Business English Dictionary, OUP. (N.T.)

Mas nada disso é possível sem uma maneira clara e precisa de reinventar o trabalho. Isso requer um processo como o descrito neste e em capítulos anteriores. (Veja o quadro a seguir "Lista de Verificação para Implementar a Automação")

Veja como responder a questões de automação em sua organização de forma mais completa e precisa. É possível ir além de ideias simplistas ou visões estratégicas grandiosas que são impossíveis de serem executadas e, em vez disso, aplicar a automação ao trabalho de uma forma fundamentada e levando em conta nuances específicas que otimizam o valor do trabalho e o papel da automação.

A otimização da combinação do trabalho humano e do automatizado no nível da função em si é vital. Entretanto, o seu trabalho não é feito aí. Até mesmo a melhor automação feita no nível da função pode falhar sem um contexto que lhe dê suporte. Uma vez otimizada a automação do trabalho é preciso considerar como isso redefine uma organização, o significado de liderança e a forma de abordar o trabalho e as carreiras. Os próximos capítulos são voltados para esses tópicos.

Lista de Verificação para Implementar a Automação

Ao considerar as quatro etapas de nosso modelo, a lista de verificação a seguir pode ajudar a planejar sua jornada rumo à automação:

1. Identifique a oportunidade
   - Há oportunidade de se reduzir custos por meio da automação?
   - Existem capacidades novas ou emergentes que se pode desenvolver por meio da automação?
   - Você tem grande dificuldade de encontrar talentos para áreas de trabalho críticas em que a desconstrução e a automação de cer-

tas tarefas podem facilitar a concretização de aspectos remanescentes do trabalho (seja com o *staff* atual, talentos contingentes ou talentos mais facilmente acessíveis)?

- É possível escolher um local piloto para experimentar a automação?

2. Entenda o trabalho
   - O que as características do trabalho e a ROIP (etapas 1 e 2) dizem?
   - Se agrupadas em uma função laboral, estas atividades poderiam ser separadas com um mínimo de ruptura?
   - Há valioso tecido conectivo entre as atividades que serão críticas de se manter? Existem meios para se fazer isso e que vão além de agregá-los dentro de uma única função?
   - Qual é a expectativa de retorno com o uso da automação (produtividade, velocidade para se alcançar uma capacidade, custos, riscos, etc.)?
3. Aplique a automação
   - A que tipos de ideias sua análise do papel e do tipo de automação (etapas 3 e 4) induz?
   - Como esta automação será adquirida? Ela está disponível na forma de software como serviço (SaaS), como é o caso de inúmeras soluções de automação cognitiva e RPA? Ou, no caso de robótica social, é possível alugar-se o equipamento de um fabricante?
   - Que tipo de personalização da automação é exigido? Quem fará isso e como?
4. Garanta supervisão e governança apropriadas
   - Quais departamentos da organização (RH, TI, suprimentos) precisarão ser envolvidos à medida que se aplicação a automação?
   - Qual será o papel de cada parte envolvida? Quem terá a responsabilidade principal de coordenação no local de trabalho recém-automatizado?
   - Como gerentes e funcionários serão treinados para trabalharem com as novas soluções de automação? Quais habilidades novas ou diferentes serão necessárias?
   - Quais são as implicações de segurança provocadas pela automação? (pense em possíveis novas vulnerabilidades de cibersegurança)

5. Mensure o ROI
    - Como o retorno real obtido com a automação se compara com o retorno esperado?
    - Que fatores provocaram o desvio?
    - O que é preciso alterar à medida que se muda do projeto-piloto para a implementação completa?

PARTE 2

Redefinindo Empresas, Lideranças e Trabalhadores

Implicações da Automação que vão além da Reinvenção do Trabalho

Relembremos as conclusões de recente conferência no MIT sobre o futuro do trabalho: colher os frutos da automação depende dos líderes que otimizam a combinação entre trabalho humano e automatizado e se organizam para dar suporte a ela.

A Parte I do livro mostrou como desconstruir e reinventar o trabalho visando otimizar as combinações entre trabalho humano e automatizado. A Parte II descreve como organizar e liderar para dar suporte e aperfeiçoar essas soluções no nível de trabalho.

O Capítulo 5 descreve como a automação do trabalho exige que se repense o próprio significado de organização, incluindo exemplos que a redefinem como um *hub* de empreendedores. Veremos como as decisões sobre como otimizar o trabalho pode e deve ser apoiado por decisões igualmente bem fundamentadas a respeito de fatores organizacionais como estrutura, poder, cultura, responsabilização e informações.

No Capítulo 6, discutimos como reinventar a liderança de modo a refletir a constante evolução do trabalho e as combinações entre trabalho humano e automação sempre em mutação. Nossos exemplos mostram que a liderança não será tão determinada por estruturas institucionais rígidas, passando a ser determinada de forma mais democrática, social e fluida, já que o trabalho é perpetuamente atualizado e reconfigurado.

Essas transformações organizacionais e de liderança se baseiam na otimização no nível do trabalho, mas elas também são necessárias para maximizar o valor social e econômico dessa otimização.

Finalmente, no Capítulo 7, sugerimos como aplicar o modelo estruturado ao seu próprio trabalho e carreira. Nós o convidamos a se reinventar através da desconstrução e reconfiguração do seu trabalho, das suas capacidades, evolução e trajetória profissional, usando os princípios de reinvenção do trabalho da Parte I. O trabalho irá evoluir constantemente e mais rápido do que nunca. Portanto, todos os trabalhadores e líderes precisam redefinir suas relações pessoais com o trabalho na forma de um processo constante de reconfiguração, reotimização e reinvenção.

CAPÍTULO 5

A Nova Empresa

Digital, Ágil, Sem Fronteiras e Centrada no Trabalho

Você alguma vez já jogou Jenga? Neste jogo os participantes se revezam removendo um bloco por vez de uma torre ("prédio") construída com cinquenta e quatro blocos. Em seguida, cada bloco removido deve ser colocado no topo da torre. Isso cria uma estrutura progressivamente mais alta e mais instável. Quem já jogou deve se lembrar da sensação de remover um dos blocos que suporta uma plataforma da torre de vários andares e ver a torre começar a balançar. Ela cairá ou ficará firme? As estruturas organizacionais podem ser parecidas com a torre do jogo Jenga. Pode-se ter sorte e a mudança de um elemento como, por exemplo, a reinvenção de uma função laboral através da automação, não afetar a estabilidade geral da empresa. Com mais frequência, a reinvenção de uma função tem efeitos colaterais em outras funções, nas relações entre elas e nas estruturas de comunicação, autoridade e poder da organização. Em geral, se não se tomar cuidado, reinventar apenas uma função laboral pode tornar a empresa instável.

Como identificar ou prever quais mudanças feitas nos níveis do trabalho ou das funções em si irão afetar a organização como um todo? Quais mudanças de funções reinventadas poderiam melhorar o funcionamento da organização e quais mudanças seriam como o "bater das asas de uma borboleta que provoca um tornado?"*

---

* Linguagem figurada usada por Edward Lorenz (Efeito Borboleta) para significar que pequenas mudanças podem ter grandes consequências. Para maiores detalhes,

O presente capítulo examina as implicações organizacionais de se otimizar a automação do trabalho através da reinvenção de funções laborais. Da mesma forma como os blocos da torre do jogo Jenga são desacoplados uns dos outros, os elementos laborais e as tarefas anteriormente contidas em uma estrutura organizacional estável de cargos serão cada vez mais desacoplados destes antigos cargos e até mesmo da empresa. Conforme já visto, esta operação de tirar das amarras as tarefas desenvolvidas no trabalho oferece imensas e novas oportunidades para se reinventar funções laborais de novas maneiras. O que muitas vezes é negligenciado são os novos dilemas e riscos criados quando se retira aquela sensação de segurança transmitida pelo sistema tradicional de descrições de cargos e pelos layouts das estruturas organizacionais neles baseados. É a diferença entre montar uma torre do Jenga usando uma estrutura pré-fabricada em que se pode montar os blocos apenas em número limitado de maneiras *versus* montar a torre com liberdade ilimitada de localização e de combinação dos blocos, e quando a automação pode modificar a própria natureza de cada bloco a qualquer momento.

O modelo de quatro etapas mostrado nos Capítulos de 1 a 4 nos ajuda a decidir como desconstruir e reinventar funções laborais. Essas decisões também afetam questões empresariais como cultura organizacional, diversidade, alinhamento, engajamento, autoridade e responsabilização. Tais implicações organizacionais muitas vezes não são óbvias, caso simplesmente se foque na reinvenção de funções individuais. Algumas vezes as implicações para a organização irão amplificar os efeitos positivos das decisões tomadas em termos do trabalho em si. Outras vezes, as implicações em termos da organização serão parecidas com o tornado que faz ruir a torre do jogo Jenga. Pode-se até mesmo optar por evitar a reinvenção de certas funções, muito embora ela possa parecer ló-

---

sugerimos as seguintes fontes: https://www.technologyreview.com/s/422809/when-the-butterfly-effect-took-flight/; https://en.wikipedia.org/wiki/Butterfly_effect. (N.T.)

gica no nível da função. Líderes esclarecidos precisam evitar serem seduzidos pelos benefícios com custos, riscos e produtividade advindos da automação do trabalho aplicada a funções isoladas, devendo também considerar as implicações organizacionais.

Abordagem "De Fora para Dentro" *versus* "De Dentro para Fora"

Há duas maneiras de se pensar na conexão entre decisões para se automatizar no nível do trabalho em si e as implicações para a organização.

Em primeiro lugar, podemos trabalhar "para dentro" compreendendo como a automação poderia habilitar a transformação de seu setor, estratégia, negócio e empresa. Em seguida, consideramos como o trabalho deve ser modificado para sustentar estes resultados organizacionais e estratégicos. Uma grande ideia vinda do alto escalão normalmente induz a esta abordagem. Por exemplo, Tony Hsieh, CEO da Zappos, parecia ter isso em mente, conforme recontado neste excerto de "The Unorganization", um relatório da SogetiLabs:[1]

> Tony Hsieh, CEO da Zappos, enviou um extenso *e-mail* para todos os funcionários no final de abril de 2015 explicando que eles passariam a ser uma companhia que organiza de forma diferente. O mundo muda rapidamente e os negócios tornaram-se muito imprevisíveis. Hsieh queria preparar a sua empresa para esta era digital. Ele queria dar fim ao velho modo de se gerenciar, pelo menos aos últimos resquícios que ainda se encontravam presentes na Zappos. Para isso, todo mundo na Zappos tinha de ser adaptativo, flexível, inventivo e criativo. Por e-mail, Hsieh anunciou que eles seguiriam em frente sem os gerentes. A auto-organização já era um pilar da cultura da Zappos, mas as ambições de Hsieh foram mais além ainda, implementando a assim chamada "Holacracia", uma metodologia auto-organizativa introduzida em 2007 pela empresa HolacracyOne.

Executar tal visão exige o alinhamento do trabalho e dos trabalhadores de novas maneiras. Simplesmente seria removido o trabalho dos gerentes eliminados? Ou, muito provavelmente, parte deste trabalho desacoplado da antiga função de "gerente" seria integrado em outras funções? O sucesso irá depender da otimização da automação do trabalho, substituindo-se tarefas anteriormente feitas pelos gerentes, como comunicação com a equipe, detecção de exceções que exigem atenção e análise e sintetização de dados de clientes de modo que as equipes possam responder rapidamente. O framework de quatro etapas para reinvenção do trabalho apresentado nos Capítulos de 1 a 4 pode ser aplicado a questões como essas para criar o trabalho novo otimizado da melhor maneira possível necessário para dar apoio à visão estratégica e organizacional.

Uma segunda forma de se associar a reinvenção do trabalho aos desafios estratégicos é trabalhar "de dentro para fora", começando-se com oportunidades de automação do trabalho no nível da função que melhorem o custo, o risco e a produtividade de funções existentes. Em seguida, pode-se decidir como os novos elementos organizacionais devem suportar essas funções recém-reinventadas ou como implicações para a organização como um todo poderiam sugerir reconsiderar, desacelerar ou abandonar aquelas mudanças funcionais até que a empresa esteja pronta.

Por exemplo, é bastante factível automatizar com IA avançada e robótica social funções laborais relacionadas com uma linha de montagem. Entretanto, no plano da organização, ideias de inovação da produção provêm de se ter seres humanos na linha de montagem para que estes possam ver maneiras de tornar o trabalho mais eficiente, seguro ou mais amigável para o cliente e então transmitir estas ideias para os projetistas e engenheiros operacionais. Tire os seres humanos da linha de montagem e a própria linha certamente se tornará mais rápida, confiável e segura. Porém, no nível da organização, perde-se o valor dos trabalhadores da linha de montagem que encontram oportunidades para melhoria e transmitem essas oportunidades às equipes de produção e desenvolvimento de produto.

Vejamos como funciona cada uma destas abordagens à otimização em termos da organização. Ilustraremos a abordagem "de fora para dentro" com a fabricante global de eletrodomésticos, a Haier. Em seguida, ilustraremos a abordagem "de dentro para fora", estendendo nosso exemplo anterior sobre cirurgia e tratamento de câncer.

Trabalhando "De Fora para Dentro": A História da Haier

Consideremos como a automação muda o conceito de um refrigerador.[2] Quando os sensores e a IA são capazes de conectar esse aparelho à nuvem de forma integrada, imperceptível e contínua e essas conexões podem, por sua vez, interligar-se aos sistemas na nuvem e em sensores presentes em supermercados, veículos de entrega e fornecedores (imagine a Whole Foods como parte integrante da Amazon.com), este único aparelho se transforma em um *hub* conectado a uma vasta rede de fornecedores de gêneros alimentícios. Ele se torna o ponto de entrada para "alimentação como serviço" que monitora níveis de estoque doméstico, faz pedidos de alimentos, resultando em um refrigerador e despensa plenamente abastecidos. Tal transformação só é possível com a combinação de tecnologias como a Internet das Coisas, serviços e armazenamento na nuvem bem como automação cognitiva e IA poderosas. As receitas não provêm mais apenas da venda do eletrodoméstico, mas também da oferta de uma melhor experiência para o cliente em encontrar, adquirir, armazenar e consumir mantimentos, isso sem falar na criação de valor e no surgimento de oportunidades de negócios advindas da coleta, análise e interpretação de dados.

Como devemos desenhar uma empresa para resolver os problemas de tais transformações? O que acontece quando um gigante da indústria se transforma para tirar total proveito dessas tecnologias?

O CEO da Haier, Zhang Ruimin, virou uma lenda por pegar uma empresa fabril tradicional, de estrutura hierárquica e com atuação mundial e transformá-la em uma plataforma para empreendedorismo em série, com funcionários que atuam como empreendedores que se autogovernam. De acordo com um artigo publicado na *Sloan Management Review* do MIT, a Haier deixou de ser uma indústria manufatureira para se transformar em uma plataforma para fornecimento de financiamento, suporte e coordenação para uma coalizão de microempreendimentos todos focados em fazer produtos e oferecer serviços para a "casa inteligente".

O conceito de Zhang é transformar clientes em usuários que colaborativamente aperfeiçoam e desenvolvem produtos compartilhando ideias visando reduzir a zero a distância entre a organização e esses usuários, de modo a criar junto com eles. Os fatores habilitadores dessa transformação são a Internet das Coisas, uma combinação de tecnologias que possibilita que informações sobre a experiência do usuário sejam reunidas, analisadas e compartilhadas com a empresa à medida que ela projeta, desenvolve, executa e aperfeiçoa produtos e serviços que contribuem para esta experiência do usuário. A Haier transformou sua estrutura, passando de uma hierarquia tradicional para uma plataforma que encoraja funcionários e parceiros a fazerem parte de microempreendimentos operando nessa plataforma. A plataforma organizacional possui poucos níveis hierárquicos mas, por outro lado, opera para fornecer suporte e avaliação mercadológica para mais de duzentas equipes empreendedoras, cada uma delas suprida com dinheiro, tecnologia, logística e outros apoios, e recompensadas e empoderadas para atuarem com base nas informações que recebem sobre a experiência dos usuários nas casas inteligentes.

A remuneração é determinada através de quanto valor é gerado para os usuários. Conforme declarou Zhang: "Quando os funcionários criam valor, eles são pagos. Se eles não criarem valor mensurável, eles não são pagos. Em última instância, se eles não criarem valor, eles têm de deixar a empresa". Em vez de unidades organizacionais, divisões, linhas de produtos e funções, a Haier é organizada na forma de uma entidade baseada em objetivos, reunindo e disseminando recursos com base nas necessidades do cliente.

Conforme descreve o seu CEO:

> O processo começa com um objetivo. Por exemplo, alguém lança uma ideia para um produto destinado a certo nicho de mercado. Em seguida, pessoas de diferentes departamentos ou disciplinas (P&D), vendas, fabricação se sentarão juntas para analisar a viabilidade da ideia, levando em conta todos os aspectos relevantes. Se acreditarem que a ideia é viável, elas formarão uma comunidade para levá-la adiante como um novo microempreendimento. Em seguida, elas precisam associar o plano delas com as respectivas remunerações. Chamamos isso de um mecanismo de ajuste de valor (MAV) predefinido que estabelece que objetivo o plano deve concretizar e como os membros da comunidade serão pagos se este objetivo for atingido. Trata-se de um acordo assinado entre a Haier e seus microempreenddedores. Também temos microempreendimentos que focam em projetos de vanguarda. Essas equipes podem planejar não receber por alguns anos. Neste caso, estabelecemos diferentes metas e cronogramas. Por exemplo, num determinado ponto do empreendimento, elas terão de atrair capital de risco externo. Se não conseguirem obter o investimento no prazo acordado, então eles terão de deixar o projeto prosseguir ou, quem sabe, poderíamos convidar outra equipe empreendedora para trabalhar no projeto.
>
> Em nosso modelo delegamos os principais poderes de altos executivos aos funcionários (ou pelo menos aos microempreendedores), inclusive o poder de tomada de decisão, de selecionar e indicar pessoal, bem como o poder de alocação financeira. Outras companhias não iriam fazer isso. Elas acreditam que se esses poderes forem delegados, os gerentes perderão o controle. Nosso objetivo é diferente: estamos tentando motivar os funcionários a usar todo o seu potencial e a gerar o seu próprio valor. Não queremos controlá-los.

A mesma abordagem está por trás do papel dos departamentos da empresa que fornecem serviços como manufatura. Por exemplo, a Haier possui 108 fábricas espalhadas ao redor do mundo, cada qual com múltiplas linhas de produção. Na Haier cada linha de produção funciona como um microemprendimento próprio. Zhang descreve isso assim:

> Avaliamos o desempenho desses microempreendimentos tomando como base custos, entrega, qualidade no atendimento e resposta do mercado aos produtos que eles fazem. Essa avaliação determina qual a qualificação deles para obter outros pedidos de encomenda. Algumas linhas de produção são capazes de conseguir muitos pedidos. Outras conseguem menos e, como consequência, empregados nesta linha de produção não recebem tão bem. Linhas que conseguem mais pedidos podem se associar àquelas com menos pedidos. Dessa maneira as linhas de produção estão organicamente conectadas com o mercado.

Baseado nas informações que a Haier nos forneceu, avaliamos o estudo de caso da Haier, sua relevância para este livro e suas possíveis implicações: o exemplo da Haier ilustra de forma bastante radical o poder que a tecnologia tem de provocar disruptura no conceito de organização. Ele também é uma demonstração prática sobre o modo como os líderes devem pensar em relação ao trabalho e à automação nos diversos níveis. Inicialmente, as questões podem parecer meras oportunidades tecnológicas (IA, armazenamento na nuvem, sensores, *big data*, etc.). Como visto em capítulos anteriores, otimizar tais oportunidades exige grande atenção aos seus impactos e integração com o trabalho. Por exemplo, a Internet das Coisas possibilita que sensores e IA sejam incorporados a refrigeradores e outros eletrodomésticos, gerando fluxos de dados sobre as condições operacionais, mas também sobre bens de consumo que são armazenados e utilizados.

Em termos estratégicos, a capacidade tecnológica de associar vários produtos com serviços como os da Amazon, fundamentalmente altera a própria natureza da estratégia, passando de fabricar e vender excelentes produtos, para construir a infraestrutura interconectada que torna mais fácil para os usuários administrar a compra, o armazenamento e a preparação de alimentos.

Consideremos o que acontece em termos do trabalho na função de um representante de atendimento ao cliente. Tais representantes agora estão capacitados com IA. A antiga função incluía uma tarefa laboral de questionar os clientes que ligavam para o serviço de atendimento na tentativa de descobrir problemas visando sua solução. Essa tarefa agora é eliminada com a IA, ampliando as capacidades dos trabalhadores, permitindo a eles iniciarem a conversação telefônica com um conhecimento maior sobre o problema do cliente. A automação também gera trabalho novo, pois o refrigerador é capaz de acompanhar o consumo e a deterioração dos alimentos. Agora o atendente pode orientar os clientes sobre como usar seus dispositivos móveis portáteis para conectarem automaticamente seus eletrodomésticos às suas contas na Amazon ou Alibaba, de modo a poderem fazer pedidos na Whole Foods ou em outras redes de supermercados. Veja como o modelo para automação do trabalho dos capítulos anteriores ajuda a trabalhar "de fora para dentro", começando com a visão de Zhang de "distância zero do cliente", e revela as implicações em termos da tarefa em si que são a chave para a sua execução.

Também se pode trabalhar a partir dessas oportunidades no nível do trabalho para se observar as implicações de nível intermediário para a empresa. A visão mais ampla é manter "distância zero do cliente" e uma organização que seja um "*hub* para empreendedores conectados a dados". Entre esta visão e as implicações para o projeto das atividades laborais de cada função existem relações vitais entre equipes, unidades e departamentos. É vital conectar as decisões de automação do trabalho descritas nos capítulos anteriores (que ocorrem no nível do elemento laboral ou função) com as consequências organizacionais de nível intermediário (que ocorrem no nível das equipes, unidades, departamentos e da organização). É aí que questões como confiança, autoridade, responsabilidade, compartilhamento de informações, redes sociais e cultura entre as unidades entram em jogo.

Por exemplo, se adicionarmos a tarefa de orientação aos clientes descrita anteriormente na função de atendente de *call center*, tais atendentes irão descobrir novas interfaces do produto com a Amazon ou outros serviços na nuvem. Seria esta uma tarefa dos atendentes ou dos *designers* de produto? Deveriam agora os atendentes de *call center* também formular novas ideias de projeto de produto que surgem à medida que orientam os clientes sobre como integrar o refrigerador às suas contas na Amazon? Como os talentosos projetistas de refrigeradores da Haier reagem à perspectiva de que suas tarefas laborais serão agora automatizadas ou transferidas para os representantes de atendimento ao cliente? Talvez essa tarefa agora passe a fazer parte da equipe de projetos de refrigeradores, dando a eles a tarefa de orientar os clientes, com suas capacidades ampliadas pela IA. Se os líderes da Haier avançarem muito rapidamente para incorporar a tarefa de orientação ao cliente ao trabalho dos atendentes de *call center*, eles poderão, inadvertidamente, criar conflitos ou batalhas territoriais entre as equipes de atendimento ao cliente e de *design* de produtos, cada uma das quais assumindo que seria tarefa delas aproveitar o poder da IA para trabalhar com os clientes no redesenho de produtos.

Estendendo um pouco mais, muitos produtos da Haier, não apenas refrigeradores, agora são capazes de estabelecer uma interface com a Amazon. Talvez os elementos laborais de classificar e analisar como os clientes usam todos os produtos em suas casas pudessem migrar para uma nova divisão funcional que nunca existiu antes. Tal divisão poderia agora ter autoridade para supervisionar o *design* de produtos para todos os produtos da Haier. Ela conteria tarefas laborais como ouvir os clientes (ou empregar IA para analisar as interações dos clientes com os funcionários de atendimento) bem como trabalhar de perto com os engenheiros da Amazon ou do Alibaba para imaginarem formas criativas de integrar todos os produtos da Haier a esses serviços. Mais uma vez, aquilo que começou como uma análise da automação do trabalho na função dos atendentes de *call center* para clientes agora revela questões como a criação de divisões inteiramente novas, tudo pelo fato de a desconstrução da função ter liberado algumas tarefas laborais para tirar proveito da IA.

Tais opções exigem pensar além do trabalho dos atendentes, dos *designers* de produto ou das ligações com a Amazon. As decisões tomadas em relação à automação do trabalho provocarão uma reação em cadeia em questões organizacionais como poder, autoridade, responsabilidade, compartilhamento de informações, *status* e cultura organizacional. Por exemplo, uma decisão de criar uma nova divisão de contato dedicada ao relacionamento com a Amazon ou o Alibaba, cobrindo todos os produtos da Haier, muda fundamentalmente o poder e a autoridade do antigo grupo de *design* de produtos, que agora terá de recorrer ao grupo de contato para obter informações-chave sobre características de produtos e oportunidades para desenvolvimento. Os líderes do *design* de produtos que anteriormente detinham as informações de uso por parte dos consumidores podem muito bem se sentirem incomodados com aquilo que parece ser uma estrutura que os torna subservientes a esta nova divisão que é o elo com a Amazon e o Alibaba.

Os profissionais de *marketing* e vendas que anteriormente detinham grande poder e autoridade devido a seu conhecimento sobre determinados produtos e os canais que os vendiam agora precisam evoluir para efetuar vendas com base em sua *expertise* de entender como vários produtos se conectam entre si (como refrigeradores, dispositivos móveis portáteis e fornos de micro-ondas) e com canais como a Amazon e o Alibaba. Um líder que está considerando a automação do trabalho aplicada a funções nas áreas de vendas e *marketing* poderia usar o framework de quatro etapas visto em capítulos anteriores para identificar que as tarefas de personalizar soluções poderiam se beneficiar da ampliação das capacidades de trabalho através de dados melhores obtidos por sensores robóticos, automação do processo de informação e pela análise impulsionada por IA. Esses pontos são importantes, mas não suficientes. Os líderes também precisam considerar as implicações em níveis mais altos para o papel do trabalho de *marketing* no ecossistema mais amplo das equipes, unidades, divisões e assim por diante.

Trabalhando "De Dentro para Fora": A Automação no Tratamento do Câncer

Retomemos o exemplo do tratamento oncológico apresentado no Capítulo 3 e o conjunto de imagens fascinantes provocadas pela reinvenção impulsionada pela IA na identificação e escolha de tratamento além de assistentes cirúrgicos com o emprego de robótica social possibilitando que cirurgiões humanos realizem procedimentos cirúrgicos menos invasivos e mais precisos. Naquele capítulo, nos concentramos na reinvenção das funções laborais visando identificar as melhores combinações entre trabalho humano e automação. A Tabela 5-1 mostra a reinvenção do tratamento oncológico no nível da função, conforme descrito em capítulos anteriores.

TABELA 5-1

Implicações para a organização das funções laborais reinventadas associadas ao tratamento oncológico

Reinvenção no nível da função laboral

Atividade antiga	Atividade otimizada pela automação
O oncologista reúne e revisa informações sobre o paciente e estima a probabilidade da ocorrência de câncer.	A RPA reúne e integra dados sobre o paciente em tempo real. A IA lê os dados, avalia a probabilidade de risco de câncer e dá ao oncologista um número preliminar.
O oncologista solicita exames diagnósticos, analisa os resultados contrastando-os com achados de pesquisas científicas na área médica e diagnostica câncer.	A automação cognitiva e a IA, como o WFO (*Watson for Oncology*), da IBM, vasculha milhões de páginas de literatura médica e faz um diagnóstico baseado em algoritmos constantemente atualizados.

(continua)

TABELA 5-1

Implicações para a empresa das funções laborais reinventadas associadas ao tratamento oncológico *(continuação)*

Reinvenção no nível da função laboral

Atividade antiga	Atividade otimizada pela automação
O oncologista avalia as alternativas de tratamento e decide a que tipo de tratamento o paciente será submetido.	O WFO analisa dados de forma muito mais rápida e completa e faz recomendações sobre os casos mais comuns. O oncologista faz recomendações em casos desconhecidos pelo WFO.
O oncologista realiza procedimentos cirúrgicos.	Procedimentos cirúrgicos rotineiros realizados por máquinas equipadas com sensores e IA. O oncologista decide quais tarefas delegar para a máquina. O oncologista realiza as tarefas não rotineiras.
O oncologista lidera a equipe cirúrgica e de diagnóstico, servindo como uma espécie de *hub* para concentração de informações e tomada de decisão.	A equipe pode ter acesso a dados provenientes de vários sistemas, com o suporte de IA e RPA. A IA alerta a equipe sobre exceções que exigem atenção e monitora o comportamento dos demais membros da equipe.

Modelo Estrela de Desenho da Empresa

Existem muitos modelos, cada qual com suas vantagens e desvantagens. Para estruturar a nossa análise das implicações para a empresa, adotaremos o Modelo Estrela de desenho organizacional. Este modelo pode nos ajudar a descrever as implicações para a organização da otimização da automação do trabalho. O Modelo Estrela foi formulado por Jay Galbraith e aprimorado por pensadores como Amy Kates, Greg Kessler, Susan Mohrman, Christopher Worley, Edward Lawler e Stu Winby. Galbraith descreveu o modelo da seguinte forma:[3]

- Estratégia: ela delineia especificamente os produtos e serviços a serem fornecidos, os mercados a serem atendidos e o valor a ser oferecido ao cliente. Ela também especifica fontes de vantagem competitiva ou capacidades.
- Estrutura: A estrutura da empresa determina a alocação do poder e da autoridade dentro da empresa.
- Processos: Informações e processos de decisão permeiam a estrutura da organização; se a estrutura for pensada como a anatomia da empresa, os processos são sua fisiologia ou funcionamento.
- Remuneração: O propósito do sistema de remuneração é alinhar os objetivos do funcionário com os objetivos da empresa. Ele motiva e incentiva os funcionários a completarem as diretrizes estratégicas.
- Práticas de RH: As políticas de recursos humanos (nas combinações apropriadas) produzem o talento exigido pela estratégia e estrutura da empresa, gerando as habilidades e o modo de pensar necessários para implementar na direção escolhida.

Galbraith não poderia imaginar os recentes avanços no trabalho e na automação. O Modelo Estrela foi desenvolvido e tipicamente aplicado a organizações tradicionais e trabalho feito em funções tradicionais através de vínculos empregatícios. Entretanto, estes elementos organizacionais também se aplicam ao mundo do trabalho e das organizações que está surgindo hoje em dia. Conforme descrevemos em nosso livro *Lead the Work*, o trabalho desconstruído e desacoplado muda a própria essência de conceitos como capacidades, estrutura, processos, métricas e práticas de RH. O modelo descrito neste livro sugere que "estrutura" e "processo" são compostos por tarefas cada vez mais desconstruídas e desacopladas, constantemente reinventadas e otimizadas para levar em conta a automação bem como arranjos de trabalho alternativos como pequenos trabalhos esporádicos, contratos, projetos, temporadas de trabalho, etc. Isso significa que os trabalhos e as organizações evoluem e se reinventam a todo o momento. A Tabela 5-2 descreve exemplos de reinvenção da empresa que se faz necessária, usando os elementos do Modelo Estrela.

Os Cirurgiões Deixaram de Ser Semideuses

Um cirurgião oncologista se reúne com os administradores do hospital para solicitar maior discrição para a equipe cirúrgica, já que eles usam informações diagnósticas e procedimentos cirúrgicos recomendados por um assistente cirúrgico robótico. A equipe gosta do trabalho reinventado que coloca à pronta disposição deles informações mais completas sobre o paciente e a possibilidade de usar um robô para tarefas mais simples como fazer incisões. Entretanto, eles mostram indignação pois agora suas funções reinventadas exigem que eles realizem tratamentos e procedimentos cirúrgicos que sigam as melhores práticas identificadas por automação cognitiva. Algumas vezes, a equipe acredita que outros procedimentos funcionariam melhor. Por outras, a automação cognitiva recomenda que o robô realize um procedimento por ele ter se revelado superior, mas os membros da equipe acreditam que eles próprios são mais competentes. (Consulte a Tabela 5-2 para saber das implicações das funções laborais reinventadas voltadas para o tratamento oncológico.)

Antes de a automação ter reinventado tais funções laborais, apenas a equipe cirúrgica tinha acesso a informações dentro do centro cirúrgico e *expertise* pessoal sobre as reações dos pacientes a técnicas cirúrgicas. Antes da automação, os cirurgiões eram contratados e remunerados pelas suas *expertise* e capacidades únicas de escolher e realizar cirurgias complexas. Os administradores hospitalares confiavam nas percepções, especialização e informações que as equipes cirúrgicas tinham em comum. Antes da automação, a única opção para os administradores era dar à equipe cirúrgica o máximo de liberdade possível para operar e tomar decisões, talvez limitados apenas por diretrizes gerais baseadas em custos ou responsabilidade legal.

TABELA 5-2

Implicações para a organização das funções laborais reinventadas associadas ao tratamento oncológico

Reinvenção no nível da organização

Elementos Organizacionais (modelo "estrela")	**Organização otimizada pela automação**
Estratégia	O papel de um centro cirúrgico passa de "fornecer o melhor tratamento cirúrgico para câncer" para o de "dar aos médicos e pacientes a capacidade de tomar as melhores decisões relacionadas ao diagnóstico, prevenção, cuidados e tratamento de câncer, bem como ao estilo de vida do paciente".
Estrutura	▪ Os cirurgiões se transformam em "pilotos" de tecnologia automatizada e impulsionada por IA. Novas funções laborais combinam a programação e o ensino de IA com tratamento de pacientes mais completo. ▪ O poder se transfere, pois cirurgiões que anteriormente detinham conhecimento, *expertise* e poder exclusivos agora os dividem com desenvolvedores, programadores e especialistas científicos remotos. ▪ Administradores de hospitais, conselhos e órgãos reguladores externos agora têm acesso em primeira mão a informações e resultados de diagnósticos que anteriormente podiam receber apenas através dos cirurgiões e do pessoal da sala de cirurgia. Agora, aqueles em funções não relacionadas com cirurgia são muito mais informados quanto à sala de cirurgia, equalizando o seu poder e autoridade em relação aos cirurgiões e suas equipes.
Processos e capacidade lateral*	▪ Decisões sobre tratamentos e cirurgias agora são informadas por meio de automação cognitiva e impulsionadas por bancos de dados, sensores e robótica colaborativa. ▪ O pessoal da sala de cirurgia deve trabalhar de perto com tecnólogos de bancos de dados e de equipamentos. ▪ Aqueles cujas funções incluem o fornecimento de tratamento e aqueles cujas funções incluírem a manutenção, a análise e a avaliação de informações, devem colaborar, exigindo-se responsabilização e relações organizacionais laterais. ▪ A confiança entre aqueles que proveem o tratamento e os gerentes de tecnologia e informação se torna fundamental.

(continua)

TABELA 5-2

Implicações para a empresa das funções laborais reinventadas associadas ao tratamento oncológico *(continuação)*

Reinvenção no nível da empresa	
Elementos Organizacionais (Modelo Estrela)	**Empresa otimizada pela automação**
Processos e capacidade lateral*	▪ Os processos de cuidados e comunicação com o paciente abrangem relações harmoniosas e perfeitamente integradas entre aqueles que cuidam dos pacientes e os analistas, programadores e instrutores de IA.
Métricas/ remuneração	▪ Anteriormente as métricas avaliavam o sucesso, os custos e os riscos dos cuidados e recuperação pós-cirúrgicos. Agora elas são reinventadas de forma a incluir a experiência do paciente, a validade das decisões tomadas por pacientes e pessoal do hospital e o emprego de informações e opções mais apropriadas, avançadas e baseadas em evidências para prevenção, tratamento e recuperação.
	▪ A remuneração da equipe cirúrgica agora reflete o sucesso da equipe toda, incluindo projetistas de automação e o pessoal de suporte. ▪ À medida que cientistas e desenvolvedores de dados se tornam cada vez mais fundamentais, suas remunerações aumentam e tarefas exclusivamente "humanas" geram um pagamento extra. Tarefas rotineiras anteriormente muitíssimo bem remuneradas agora sofrem redução em termos de valor e remuneração.
Práticas de RH	▪ Aprendizagem continuada e flexibilidade adaptativa se tornam fatores de seleção fundamentais para cirurgiões e sua equipe. ▪ Os líderes de hospitais criam aprendizagem contínua e sistemas de reinvenção do trabalho como também a capacidade psicológica de aceitar mudanças no poder e na responsabilização. ▪ O recrutamento e a seleção de pessoal enfatizam novas capacidades híbridas que integram capacidade médica e tecnológica.

* A capacidade lateral é definida como "informações e processos decisórios que coordenam as atividades espalhadas através de diferentes unidades organizacionais, fornecendo mecanismos para descentralizar decisões gerenciais gerais" (Galbraith, 2002, p. 38)... A capacidade lateral consiste em mecanismos de coordenação para que pessoas e grupos trabalhem de forma colaborativa rompendo as fronteiras departamentais. Fonte: *Organization Design: Creating Strategic & Agile Organizations*, Donald L. Anderson, 2018. (N.T.)

Depois de a automação ter reinventado essas funções, os administradores têm acesso a informações completas sobre práticas cirúrgicas, reação dos pacientes e as melhores práticas de milhares de outras equipes cirúrgicas que usam o mesmo equipamento de IA e robótica social. A equipe cirúrgica agora é apenas um dos vários grupos fundamentais. Em muitos casos, os analistas de informação e os programadores e projetistas de tecnologia têm perspectivas igualmente válidas e importantes. À medida que as equipes cirúrgicas evoluem para se tornarem pilotos de IA e robótica, não é mais desejável que eles tenham autoridade exclusiva para recomendar tratamento cirúrgico. As funções reinventadas de analista de dados, programador ou *expert* em tecnologia agora têm igual voz em tais decisões. Algo sem precedentes no passado.

A automação não apenas reinventou todas estas funções relacionadas; ela criou um importante desafio para os líderes do centro cirúrgico. Eles devem manter um equilíbrio entre estes fatores organizacionais e o custo/benefício da automação no nível do trabalho em si. Talvez os líderes tenham que abrir mão de oportunidades para reinvenção de funções laborais com o emprego da automação como descrito no Capítulo 4 e nas Tabelas 5-1 e 5-2, por serem muito grandes as desvantagens em termos da organização como um todo. Pode ser que o ritmo de automação tenha de ser diminuído para permitir que as equipes cirúrgicas tenham tempo de compreender e se aclimatar a essas novas funções. Talvez o momento mais oportuno para implementar a automação seja após o hospital ter recrutado e contratado programadores e especialistas em IA que também tenham experiência e qualificações na área cirúrgica, pois eles podem trazer a credibilidade e a confiança necessárias para discussões com as equipes cirúrgicas que tradicionalmente detinham todo o poder e autoridade.

A Nova Empresa

A automação reinventa empresas, da mesma forma que ela reinventa o trabalho. Tal reinvenção inclui equipes virtuais, gestão ágil de projetos e SCRUM (processo de desenvolvimento de projetos adaptativos), holacracia, empresas enxutas e horizontais com trabalhadores que se autogerenciam e o exemplo da Haier de empresa como *hub* para microempreendimentos. A automação torna isso possível e, quem sabe, se torna necessário reinventar a empresa e dar apoio a experimentos mais rápidos e radicais. Softwares inteligentes dão suporte à alocação de pessoal flexível e ao planejamento de recursos humanos. A análise de dados monitora o desempenho e prediz necessidades de software. Software de comunicação inteligente possibilita a colaboração virtual. A realidade aumentada simula interações presenciais. A Internet das Coisas transmite dados vitais de clientes e usuários diretamente para os trabalhadores, sem nenhum supervisor.

Mas não apenas as empresas são redefinidas através da automação. O significado de liderança e o papel dos líderes e seus seguidores também são reinventados. Este é o foco do Capítulo 6.

CAPÍTULO 6

A Nova Liderança

Democrática, Social e em Contínua Atualização

No livro *The Inevitable*, o autor e cofundador da revista *Wired*, Kevin Kelly, descreve doze forças tecnológicas disruptivas.[1] Uma delas é "tornar-se", em que produtos, serviços e relações são, ao mesmo tempo, perpetuamente obsoletos e atualizados. O ano de 2017 foi o décimo aniversário do iPhone, que na época havia estabelecido um padrão familiar: assim que surgia um novo modelo, este era o mais avançado e desejado no mercado e a versão anterior tornava-se drasticamente menos valorizada. Esta tendência do "tornar-se" também afeta o trabalho e as organizações. Evidentemente, as empresas e os líderes têm de ser ágeis. Um relatório da Accenture apontou que os CEOs elencavam "tornar-se ágil" como a terceira maior prioridade da empresa, observando-se que "o RH irá possibilitar um novo tipo de organização projetada em torno de talentos extremamente ágeis e que reagem rapidamente e de maneira positiva".[2] Líderes, trabalhadores e sistemas de RH devem se preparar para este novo mundo do trabalho em perpétua atualização da mesma forma que eles aprenderam a lidar com iPhones e outras tecnologias em contínua atualização.

Líderes, trabalhadores e os responsáveis pela formulação de políticas entendem isso, porém, muitas vezes de forma muita genérica. Recente sondagem da Genpact feita com cinco mil pessoas ao redor do mundo revelou que apenas 10% concordavam plenamente que a IA ameaça seus empregos hoje em dia, mas 90% acreditavam que gerações mais novas iriam precisar de novas habilidades para ser bem-sucedidas.[3] É fácil se iludir e se ter uma falsa sensação de segurança, pensando que a automação irá afetar apenas gerações futuras ou trabalhadores em funções diferentes da sua. A liderança irá exigir encorajar um constante reexame do trabalho e das funções, reconhecendo que a automação irá reinventar funções laborais para, em seguida, identificar precisamente as implicações e a colaboração necessária para otimizá-la. Este capítulo dá orientação sobre essa nova liderança, otimizada para o mundo futuro dos trabalhos reinventados, ágeis e impulsionados pela automação.

Nosso modelo ajuda a otimizar a automação do trabalho e a diagnosticar e antecipar a reinvenção do trabalho. Significa reinventar o papel dos trabalhadores humanos e da empresa. Significa que a função de um líder também será continuamente reinventada. A linha que separa um líder de seus seguidores é cada vez mais tênue, em parte porque a automação instantaneamente torna disponíveis para trabalhadores, clientes e demais partes envolvidas informações que anteriormente eram reservadas exclusivamente aos líderes. A liderança não é mais algo exclusivo para aqueles que ocupam determinadas posições e que, formalmente, abrange a formulação de estratégias, ter uma visão, incentivar a comunicação, o engajamento de seguidores e fornecer um modelo de conduta. Empresas como a Haier e a Zappos aspiram modelos organizacionais com poucos ou nenhum gerente, significando que liderança é tudo aquilo que empodera aqueles mais próximos do cliente, inclusive automação. O desenvolvimento e a sucessão de liderança deve cada vez mais refletir um futuro incerto, pois a constante reinvenção torna impossível até mesmo descrever as futuras proposições de organização, estratégia e valor que serão conduzidas.[4]

Portanto, os líderes do futuro precisam otimizar uma combinação em constante mudança de tarefas desconstruídas que a toda hora estão sendo reconfiguradas para explorar novas formas de acordo com os trabalhadores (pequenos trabalhos esporádicos, contratos, projetos, vínculo empregatício e *crowdsourcing*) e novas combinações entre trabalho humano e automatizado. Líderes e trabalhadores precisam trocar informações livremente, mesmo quando tais informações signifiquem a retirada de certas tarefas antes realizadas por trabalhadores humanos e com a consequente eliminação ou mudança de seus trabalhos. Os líderes precisam liderar o trabalho, não apenas seus funcionários, criando um ecossistema formado pelos trabalhadores atuais e outros possíveis trabalhadores dispostos e ávidos a se engajar, na medida em que eles se ajustam à condição de mudança contínua.

Como líder, você deve se tornar adepto da desconstrução e da reinvenção do trabalho e da empresa. Você também tem de compartilhar modelos para a otimização do trabalho e da automação, pois, frequentemente seus seguidores serão os primeiros a se dar conta de novas oportunidades para reinventar o trabalho.

Liderando Continuamente Trabalho Reinventado

Recente estudo da Willies Towers Watson, "Future of Work" (O Futuro do Trabalho) constatou que empresas multinacionais tinham a expectativa de que a automação do trabalho subisse dos 7% em 2014 para 22% em 2020. A mesma sondagem constatou que as empresas esperavam que o trabalho realizado por profissionais sem vínculo empregatício aumentasse de 16% para 23% entre 2017 e 2020. Caso esteja pensando em reinventar o trabalho usando tanto novas formas de acordo com os trabalhadores quanto de automação, o estudo sugere oito opções:

- Emprego tradicional (com vínculo empregatício)
- Terceirização

- Agentes independentes*
- Alianças
- Plataformas para atração e gestão de talentos**
- Voluntários
- Robótica
- Inteligência Artificial

Nos capítulos anteriores mostramos que ao se reinventar funções laborais com o uso da automação, os padrões ideais não são revelados se procurarmos apenas soluções binárias como "terceirizados *versus* empregados" ou "robôs *versus* humanos". Em vez disso, os trabalhos têm de ser desconstruídos e as tarefas realizadas com a melhor opção, para depois, esses elementos laborais otimizados serem reconstruídos em funções laborais reinventadas que podem incluir contratos, pequenos trabalhos esporádicos e automação. Liderança envolve engajar os trabalhadores como colaboradores, ajudando a acompanhar perpetuamente como o trabalho deles está

---

* *Agentes independentes* são pessoas que trabalham independentemente (por conta própria) e não para um único empregador. Entre eles temos autônomos, *freelancers*, contratados por empreitada e trabalhadores temporários.
Fonte: https://en.wikipedia.org/wiki/Free_agent_(business)
"*Flex Economy*", "*Gig Economy*", talento não tradicional, mão-de-obra contingente, os "externos", força de trabalho "estendida". Os nomes associados com a força de trabalho contingente podem variar mas indicam, basicamente, todo aquele que não é um empregado direto (funcionário) de uma empresa. *Fonte*: cporising.com/2018/12/06/the-pursuit-of-the-agile-workforce-the-evolution-of-non-employee-talent e thestaffingstream.com. (N.T.)

** As plataformas *on-line* para atração e gestão de talentos servem como redes em tempo real através das quais trabalhadores flexíveis/sem vínculo empregatício e as empresas podem se conectar, rapidamente se tornaram o principal meio de atender às necessidades em termos de talentos. As plataformas *on-line* para atração e gestão de talentos (que também abrangem os sistemas de automação do trabalho) transformaram a maneira como as empresas encontram e se suprem de talentos ao oferecerem trabalho em tempo real. *Fonte*: www.fieldglass.com (The State of Contigent Workforce Management). (N.T.)

evoluindo e estar confiante e disposto a identificar novas formas alternativas.

Até mesmo profissionais de áreas tradicionalmente concentradas nos seres humanos, como advogados e contadores, estão vendo suas tarefas reinventadas à medida que a RPA e a automação cognitiva assumem tarefas cognitivas repetitivas, e os melhores profissionais humanos cada vez mais têm observado que plataformas e *freelancers* têm substituído o emprego tradicional. Primeiramente, o trabalho de profissionais em início de carreira é substituído por RPA capaz de localizar de forma mais rápida e precisa legislação e informações técnicas. Em seguida, o trabalho é reinventado, já que a IA pode realizar quase toda a análise por si só e o trabalho para os humanos passa de analisar demonstrações financeiras para ensinar a IA a entender essas demonstrações. Liderança significa manter um equilíbrio entre riscos e retornos do emprego de tempo integral *versus* acordos menos tradicionais e de prazo mais curto e com o uso da automação. Ao se enfatizar em demasia o emprego tradicional corre-se o risco de criar empregos que rapidamente exigirão ajustes disruptivos e dolorosos. Ao se enfatizar em demasia acordos temporários ou de forma muito agressiva de substituir o trabalho humano por automação, corre-se o risco de criar uma força de trabalho insegura, ressentida, não engajada ou indisponível. Ao se enfatizar em demasia a automação corre-se o risco de se incorporar tendências e limitações na tecnologia que a tornam lenta para ajustes a problemas novos e únicos.

As cinco transformações que redefinem a liderança são:

- Modo de pensar: De "aprender, fazer, se aposentar" para "aprender, fazer, aprender, fazer, aprender ... repetir".
- Habilidades: De "qualificações para um emprego" para "pronto para trabalhar".
- Remuneração: De "salários vindos de empregos permanentes" para "remuneração total flexível vinda de tarefas desconstruídas e novas formas de acordos laborais".

- Utilização de pessoal de forma efetiva e eficiente: De "*arquitetura de cargos* (*funções*) e mudança de função" para "arquitetura do trabalho que adéqua continuamente as capacidades às tarefas".
- Desenvolvimento: De degraus para ascensão na carreira com funções fixas para trajetórias de readequação de habilidades com em tarefas e funções reinventadas.

Passaremos a discutir em profundidade cada uma delas.

Modo de Pensar

Em seu *bestseller* de 1970, *O Choque do Futuro*, Alvin Toffler disse: "Os analfabetos do século XXI não serão aqueles que não sabem ler nem escrever, mas sim, aqueles que não são capazes de aprender, desaprender e reaprender".[5] A observação dele se torna mais importante a cada dia.

Grandes gigantes do século XX como General Motors e Ford cresceram ao reunirem artífices que trabalhavam em pequenas oficinas fazendo com que estes passassem a trabalhar em fábricas centralizadas. Por décadas, as carreiras que criaram renda e desenvolvimento através de emprego e aposentadoria compreenderam essas profissões. Previsibilidade e estabilidade permitiram às escolas treinar pessoas talentosas antes de serem empregadas, e que as organizações adicionassem habilidades de longo prazo e as carreiras progredissem através de funções organizadas em departamentos como P&D, produção, RH, financeiro e vendas. A autoridade e a responsabilidade, de forma previsível, foram avançando, passando de contribuintes individuais para os supervisores e depois para os executivos. Esse avanço linear funcionou com um crescimento econômico estável e relativamente estável e sustentaram organizações de alcance mundial e centenas de milhares de empregados. Talvez os símbolos mais emblemáticos dessa estabilidade tenham sido benefícios de aposentadoria e planos de assistência médica, que foram possíveis por crescimento previsível e redução da expectativa de vida.

Obviamente, a realidade moderna não poderia ser mais diversa do que o que foi narrado. O mundo moderno volátil, incerto, complexo e ambíguo de hoje é amplificado pela convergência de tecnologias e transparência global da quarta Revolução Industrial (veja o Capítulo 3). Essa realidade é normalmente reconhecida em decisões sobre dinheiro, tecnologia, inovação, clientes e mercados. Vemos essa convergência na redução da meia-vida das habilidades* e a inexorável reinvenção do trabalho. Essas mudanças no trabalho se combinam com tendências sociais como aumento na expectativa de vida, conectividade virtual onipresente, mídias sociais, ameaças cibernéticas e desigualdade de renda.[6] A Tabela 6-1 sintetiza algumas dessas mudanças.

Gerações passadas podiam depender de remuneração vinda do padrão "aprender, fazer, aposentar-se". Isso não é mais válido. As funções e profissões têm uma meia-vida mais curta, mesmo que a duração de nossas vidas laborais cresça. O Fórum Econômico Mundial estima que 65% das crianças que estão entrando no Ensino Fundamental irão, em última instância, trabalhar em funções que ainda não existem hoje e em profissões bastante diferentes e em constante mutação.[7] O novo padrão irá refletir uma série de carreiras baseadas em projetos e períodos de trabalho mais curtos em cada organização.[8] Isso exige um modo de pensar mais parecido com "aprender, fazer, aprender, fazer, aprender... repetir".

---

* Uma das razões se concentra na disrupção contínua das tecnologias. A tecnologia cria este conceito de *meia-vida* das habilidades. Essencialmente, a meia-vida de uma habilidade aprendida é de cinco anos. Isso significa que grande parte daquilo que um trabalhador aprendeu há dez anos hoje é obsoleto e que metade daquilo que o trabalhador aprendeu há cinco anos é irrelevante. Fonte: https://www.hrexchangenetwork.com/hr-talent-management/articles/talent-management-guide. (N.T.)

TABELA 6-1

Como o trabalho está evoluindo

De	Para
Empregos estáveis e previsíveis; progresso salarial e na carreira.	Contínua reinvenção dos trabalhos; carreiras imprevisíveis e em mutação e remuneração variável.
Previsibilidade econômica e social.	Volatilidade, incerteza, complexidade e ambiguidade nos ambientes econômico e social, ampliados pela convergência das tecnologias.
Expectativa de vida de 65 anos.	Expectativa de vida de 85 anos.
Profissões estáveis e padrões laborais apesar da tecnologia em mutação.	Redução da meia-vida de profissões, habilidades e padrões laborais.

O Mindset em Contínua Atualização da JD sobre Desenvolvimento e Carreiras

A JD, o maior varejista da China, é a primeira empresa de Internet chinesa a aparecer na lista das 500 Maiores Empresas do Mundo da revista *Fortune*. Desde 2017, a taxa de crescimento anual composta foi superior a 150% durante os últimos treze anos, o que a transformou na empresa de *e-commerce* com maior crescimento de todo o mundo. Uma marca registrada da proposição de valor da JD é a sua rígida política de tolerância zero para produtos falsificados. Ela possui a maior infraestrutura de logística da China, cobrindo 99% da população nacional, com mais de 92% dos pedidos entregues no mesmo dia ou no dia seguinte.

Obviamente, uma avançada cadeia de suprimentos, logística, fornecedores e atendimento ao cliente são processos fundamentais para garantir a proposição de valor única da JD, que usa logística, cadeia de suprimentos e atendimento ao cliente aperfeiçoados pela IA para lidar com complexidade e crescimento cada vez maiores e para aumentar a eficiência operacional.

No nível operacional, a JD lançou, em 2017, o primeiro centro de distribuição totalmente automatizado do mundo, onde as mercadorias podem ser carregadas, armazenadas, embaladas e classificadas de forma automática e inteligente. No setor de atendimento ao cliente, o robô inteligente desenvolvido por eles, o JD JIMI (*Instant Messaging Intelligence*, inteligência para envio de mensagens instantâneas) respondeu por aproximadamente 90% dos pedidos *on-line* feitos por clientes novos. A JD também desenvolveu sistemas de suprimento inteligentes para escolha de *commodities*, otimização de preços e monitoramento de inventário baseado em análise de dados histórica.

Nesta situação, a demanda por trabalhos tradicionais diminui, porém, a demanda por trabalho que combine seres humanos, automação e IA aumenta. Realizado de maneira apropriada, novas tecnologias liberam a força de trabalho de tarefas perigosas ou repetitivas e permitem aos trabalhadores se concentrarem em responsabilidades essenciais ou desenvolverem novas capacidades. Entretanto, isso requer uma abordagem ao trabalho que reconheça a realidade da atualização perpétua e que envolva líderes e trabalhadores em um diálogo constante, orientado por dados. Significa que os líderes da JD precisam prever capacidades futuras da força de trabalho e ajudar os funcionários a fazerem a transição.

A JD optou por lidar com essas mudanças lançando seu Project Z, que criou uma equipe virtual multifuncional liderada pelo HRI (Human Resources Research Institute). Os objetivos do Project Z são estudar, monitorar e prever como novas tecnologias irão influenciar a organização e os seus profissionais, identificando funções que poderão desaparecer ou ser transformadas para se adequar às tecnologias, tendências e à estratégia da empresa.

Com base em sua pesquisa, o HRI da JD previu que o número de funcionários da JD na verdade continuará a crescer e não será necessária nenhuma redução nos próximos três anos. Isso se deve em parte ao fato de que o rápido crescimento da empresa irá compensar qualquer impacto da automação na redução da força de trabalho. A pesquisa também revelou que mudanças na força de trabalho acontecerão mais rapidamente em determinadas áreas quando comparadas a outras. Para obter estas previsões, o HRI desenvolveu um modelo próprio para antever a transição da força de trabalho impactada pela tecnologia, chamado "JD Workforce Weather Forecast". Essa previsão permitiu à JD priorizar o foco do seu estudo e seus modelos de transição nas transições de trabalho mais importantes.

A matriz mostra as quatro categorias de transição da automação do trabalho, de acordo com a velocidade de sua chegada e impacto sobre o trabalho. Funções laborais contidas nas categorias "tempestade" e "chuvas permanentes"* têm alta prioridade para receber investimentos maiores e mais rápidos para a transição da força de trabalho.

JD Workforce Weather Forecast
("previsão do tempo" para a força de trabalho da JD)

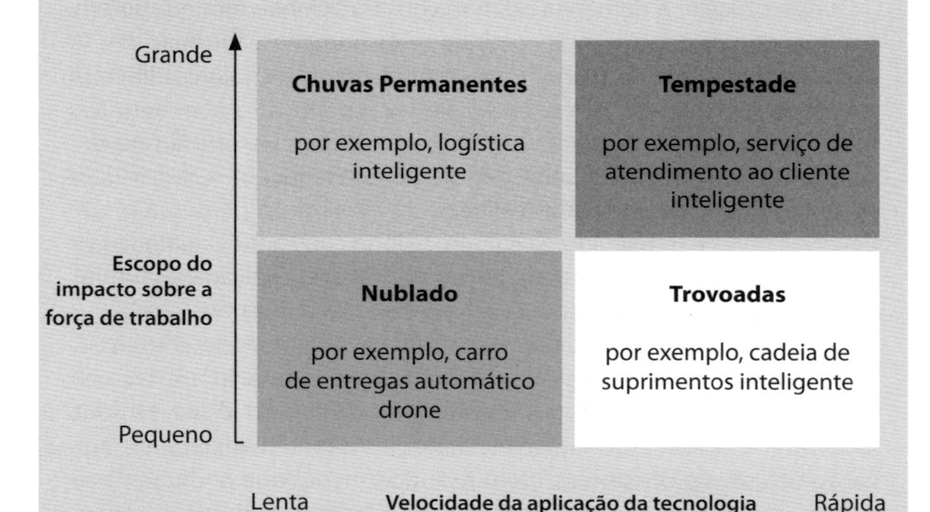

Fonte: Cortesia da JD Workforce Weather.

* O termo originalmente usado no livro é *plum rain.* A estação chuvosa no leste asiático, comumente chamada de *plum rain* (em chinês: 梅雨; pinyin: méiy), é provocada pela precipitação ao longo de uma persistente frente estacionária, conhecida como frente Mei-Yu, com duração aproximada de dois meses, entre o final da primavera e início do verão entre o leste da Rússia, China, Coreia, Taiwan e Japão. A estação chuvosa termina durante o verão quando o sistema de alta pressão subtropical se torna suficientemente forte para empurrar esta frente para o norte da região. "*Plum rain*" era um termo chinês para as chuvas entre o quarto e o quinto mês lunar. Ele refere-se especificamente à crença milenar de que, quando as ameixas ficam amarelas e caem no sul do Yangtze no quarto e quinto mês, a umidade proveniente da evaporação da ameixeira se transforma em chuva. *Fonte*: https://en.wikipedia.org/wiki/East_Asian_rainy_season. (N.T.)

Para a transição de tecnologia dentro de cada categoria, a ID identificou um roteiro de como a força de trabalho irá mudar em três anos e formulou um sistema de planejamento de desenvolvimento de talentos que depende de uma colaboração aberta entre líderes e trabalhadores em perpétua atualização:

- No serviço de atendimento inteligente ao cliente (categoria "tempestade"), há uma aplicação rápida de tecnologias e um grande impacto sobre a força de trabalho. Neste caso, a JD planeja aumentar ainda mais a aplicação de robôs inteligentes para atender aos clientes. Desde 2017, a JD vem desenvolvendo e implementando um plano de aperfeiçoamento de habilidades para resolver a substituição da força de trabalho que virá mais à frente, inclusive reclassificando responsabilidades das funções e levando as habilidades dos funcionários a um patamar mais elevado, fazendo a transição de funcionários para funções recém-criadas, como "treinador de IA", que ajuda os robôs com a marcação de dados, *data mining*, integração de conhecimentos e assim por diante.
- Na logística inteligente (categoria "chuva permanente") há um grande impacto sobre a força de trabalho, no entanto, uma expansão relativamente mais lenta da automação do trabalho devido a limitações como equipamentos, produção, maturidade da automação, etc. Nesta categoria, a JD lançou o seu sistema eletrônico de pedidos e controle de estoque na nuvem, treinando seus funcionários do centro de distribuição com habilidades mais avançadas para dar suporte a novos profissionais em controle centralizado, sistemas de estocagem automáticos e operação e manutenção de equipamentos. Além disso, a JD lançou um treinamento para controle de drones.
- Na cadeia de suprimentos inteligente (categoria "trovoadas") existe uma rápida automação, porém, um impacto apenas pequeno sobre a força de trabalho. Neste caso, a JD está desenhando novos níveis funcionais e trajetórias de desenvolvimento de carreira que enxergam além do horizonte de três anos e são apoiadas por treinamento para tornarem-se profissionais de compras. O treinamento foi desenvolvido prevendo-se como o trabalho irá mudar depois de os sistemas entrarem em operação, além do horizonte de três anos. Nestes três anos intermediários, o RH da JD irá trabalhar com unidades de

negócios para prever a alocação de pessoal para a área de compras e ajudar a sua força de trabalho a se ajustar à nova realidade de trabalho prevista.

No Capítulo 5, descrevemos como essas mudanças no trabalho estão habilitando e exigindo novas formas organizacionais, suportadas por funções laborais constantemente reinventadas. Entretanto, a mesma evolução organizacional e do trabalho também tem sérias implicações para os líderes. Os líderes precisam adotar e encorajar um modo de pensar de constante reestruturação, suportado pelas mudanças necessárias nos próprios conceitos de trabalho, cultura e valores. Os líderes precisam buscar uma carreira desta forma e exigir, apoiar e encorajar seus funcionários a adotarem um modo de pensar de desenvolvimento contínuo. Em vez de dizer aos seus funcionários "É isto que você se tornará", eles devem dizer "Você começa com estas habilidades e capacidades; o nosso trabalho é colaborar para refiná-las e aperfeiçoá-las". Por exemplo, os líderes podem começar pela desconstrução de competências, habilidades e capacidades e distinguir aquelas com valor de curto prazo daquelas que dão condições às habilidades com valor de longo prazo e que formam a base para a capacidade de prosperar em um ambiente de constantes mudanças. Entre as habilidades capacitadoras temos o pensamento crítico e o modo de pensar globalizado. Elas são muito diferentes de habilidades técnicas que receberam tamanha atenção social e política, como matemática, programação de computadores, etc. Os líderes esperavam que os trabalhadores adquirissem conhecimentos técnicos antes de empregá-los. Cada vez mais os líderes selecionam trabalhadores baseando-se menos em capacidade técnica e mais em habilidades capacitadoras. Os líderes precisam identificar e cultivar a capacidade de aprender e aplicar uma gama de conhecimentos técnicos em constante mutação. Adquirir e modificar conhecimentos técnicos será um exercício rotineiro e repetitivo que ocorre à medida que o trabalho e as funções são constantemente reinventados e atualizados continuamente.

O estudo Global Talent 2021 realizado pela Oxford Economics, em colaboração com a Willis Towers Watson e uma série de outros parceiros do mundo acadêmico e corporativo, mostrou que "pensamento ágil e habilidade de relacionamento" eram classificadas pelos altos executivos como duas das mais importantes habilidades do futuro.[9] Entre elas temos a capacidade de considerar e se preparar para múltiplos cenários, administrar paradoxos e encontrar um equilíbrio entre visões antagônicas, inovar e criar em conjunto, bem como realizar *brainstorming*. Elas foram classificadas como sendo muito mais importantes do que conhecimentos técnicos específicos.

Isso reforça nossas descrições de como a automação do trabalho reinventa as funções laborais. Trabalhadores de manufatura terão conhecimentos técnicos em reparo de máquinas e na operação de ferramentas de precisão. Eles também terão habilidades para colaborar com colegas no diagnóstico de problemas e em compreender como o trabalho se encaixa em processos mais amplos e contribui para a solução como um todo. À medida que o trabalho é reinventado, a automação pode assumir 60% das tarefas, como operar uma furadeira de precisão e remover e instalar ferramentas. Isso significa que os trabalhadores humanos serão substituídos? Provavelmente não, mas o valor deles agora está em treinar a automação e colaborar com a automação no diagnóstico de problemas e na invenção de soluções. Primeiramente, os conhecimentos técnicos dos trabalhadores humanos darão suporte às tarefas de treinar a automação. À medida que a reinvenção for evoluindo, a automação terá aprendido o suficiente para operar por conta própria. As habilidades capacitadoras dos trabalhadores em pensamento crítico e capacidade analítica os ajudarão a agregar valor, através da análise e da manutenção de robôs.

Para os líderes, isso significa criar uma relação e um sistema de trabalho em que os trabalhadores humanos se sintam seguros e motivados para informar ao visualizar novas aplicações para a automação que poderiam substituir algumas de suas próprias tarefas. Os líderes devem demonstrar que, à medida que a automação progride e trabalhos são reinventados, lhes pode ser depositada a confiança de que eles ajudarão os trabalhadores humanos a se adaptar ou ir para outras empresas.

Habilidades

De qualificações para um emprego para pronto para trabalhar. As qualificações para empregabilidade normalmente são definidas usando-se os conhecimentos técnicos como base. Os empregadores e os responsáveis pela formulação de políticas lamentam o fato de que as empresas não conseguem encontrar trabalhadores com habilidades específicas para o trabalho de hoje. Governos, empregadores e instituições de ensino tentam identificar e fornecer essas capacidades para reduzirem as lacunas. Entretanto, à medida que o valor muda de conhecimentos técnicos para habilidades capacitadoras, os sistemas de educação, treinamento e aprendizagem devem se reestruturar de acordo com isso.

Os trabalhadores podem adquirir conhecimentos técnicos de forma rápida e barata, fora do emprego ou de instituições de ensino. A Lynda.com, a maior fonte do planeta em aprendizagem *on-line*, contém todos os cursos necessários para qualificar um desenvolvedor em C++, que pode adquirir estes conhecimentos com catorze horas de aprendizagem concentrada. A plataforma Lynda oferece percursos de aprendizagem para a aquisição de muitos conhecimentos técnicos (Python, Java, iOS10, *design* gráfico, animação 3D, administração de redes/infraestrutura, etc.). A plataforma Lynda é apenas uma dessas fontes. Recursos para aprendizagem *on-line* também dão aos trabalhadores um claro entendimento das adjacências. Por exemplo, *design* gráfico e animação 3D são habilidades adjacentes, pois quem trabalha com *design* gráfico pode adquirir novos conhecimentos para trabalhar com animação 3D. Por outro lado, embora compartilhem alguns atributos em comum, a programação em Python não está intimamente relacionada com *design* gráfico, pois exige uma carga horária muito maior e um percurso mais longo para se ir do Python para a animação 3D, muito embora a animação 3D possa ser realizada em software que use programação em Python.

Os líderes precisam entender tais relações e oferecer aos trabalhadores o percurso de aprendizado mais efetivo, mesmo que isso signifique ter que deixar a organização. O aprendizado é integrado com remuneração através da combinação de um mercado de trabalho ou plataforma de talentos *on-line* como a Upwork com as soluções de aprendizagem da plataforma Lynda. Hoje em dia um programador de Java na Upwork pode ganhar US$ 40 por hora, mas rapidamente pode constatar que programadores de Android ganham US$ 90 por hora. A Lynda.com mostra que com quatro cursos adicionais com mais de catorze horas de duração, é possível se tornar um programador de Android certificado. Quando preço e alinhamento de tais percursos de aprendizagem forem tão aparentes assim, líderes podem e devem mudar o seu foco de procurar candidatos que estejam totalmente preparados para candidatos que sejam adequados para serem qualificados, bem como, buscar estratégias que otimizem o trabalho e o trabalhador para alcançar a combinação mais eficiente.

A automação tem um papel nisso de duas formas: ela acelera a evolução contínua no sentido da busca de novos conhecimentos/habilidades e ela fornece o meio para adquirir e demonstrar esses novos conhecimentos. À medida que conhecimentos técnicos se tornam cada vez mais fáceis de adquirir bem como mudam, os líderes terão como expectativa que o treinamento e o desenvolvimento em longo prazo das instituições de ensino e das organizações em que trabalham sejam reinventados com foco nas habilidades capacitadoras. Tipicamente, tais habilidades são codificadas apenas em inventários de habilidades corporativos e sistemas de competências. Portanto, eles não são transparentes e transportáveis. Por exemplo, eles raramente aparecem em um certificado ou diploma universitário. As empresas do futuro talvez precisem reinventar isso oferecendo plataformas que rastreiem e informem habilidades capacitadoras, da mesma forma como são feitas com os conhecimentos técnicos hoje em dia.

Os líderes precisam estabelecer relações com os trabalhadores que abarquem múltiplos engajamentos de diferentes tipos, entremeadas por trabalhadores saindo da empresa para adquirir novos conhecimentos através da educação ou trabalho com outras organizações. Os líderes precisam aprender a identificar e rastrear habilidades capacitadoras, mesmo entre trabalhadores que no momento talvez não possuam as certificações ou graduações formais nas áreas técnicas exigidas. O melhor talento pode muito bem ser um trabalhador com incrível capacidade de aprender e ver tais relações, mas cujas qualificações técnicas ainda não atendam tais necessidades.

Remuneração

De salários vindos de empregos permanentes para remuneração total flexível vinda de tarefas desconstruídas e novas formas de acordos laborais. Tipicamente, as organizações valorizam e remuneram o trabalho através da combinação de tarefas em uma função (cargo), para depois pesquisar no mercado os salários percebidos por profissionais em funções (cargos) e organizações similares para comparação. Dados fornecidos por sites como salary.com e LinkedIn modernizaram incrivelmente o processo. Certamente a remuneração de um trabalhador reflete atributos pessoais como experiência e conhecimentos com grande demanda no momento, como programação Phyton, porém a remuneração está associada a uma função. Isso também vale para situações em que o trabalhador seja contratado para um trabalho que não seja de tempo integral, pois os requisitos para contratados por empreitada ou *freelances* normalmente se baseiam em funções.

Contudo, a etapa 1 de nosso modelo requer a desconstrução das funções em tarefas laborais para depois constantemente reconfigurar e reinventar novas funções. A etapa 2 estima a ROIP das tarefas. Portanto, no mundo futuro de funções laborais perpetuamente reinventadas, as remunerações do futuro devem refletir a ROIP das tarefas. Então, elas têm que refletir os custos, riscos e produtividade dos trabalhadores humanos *versus* automação para tais tarefas e a combinação ideal entre trabalho humano e automação.

Como o trabalho pode ser valorizado neste novo mundo? As pesquisas de mercado tradicionais baseadas em funções são incompletas e ineficientes, pois precisam de informações que são particulares, residem em diferentes locais e que são opacas ou difíceis de obter. Portanto, o mercado de remunerações que depende do estabelecimento de preços para funções muda lentamente de modo que a base para o estabelecimento destes valores permaneça estável. Um mercado para tarefas desconstruídas pode ser muito mais eficiente, como as plataformas de talentos já mostram. Caso queira contratar um desenvolvedor de aplicativos para Android, você pode buscar a Upwork, Appirio ou plataformas do gênero e encontrar imediatamente uma série de desenvolvedores e valores pagos atualmente, com as variações refletindo diferentes classificações de desempenho, experiência e *expertise* atual. Os valores para o desenvolvimento de aplicativos para Android, e até mesmo a linguagem para descrever o trabalho, mudam muito rapidamente à medida que mudam as habilidades necessárias, partes do trabalho são automatizadas e trabalhadores reagem mudando suas capacidades. Pelo fato de a unidade de análise ser a tarefa laboral desconstruída e não o trabalho, estes mercados suportam um maior volume e velocidade de transações. À medida que trabalhadores e empregadores forem descobrindo tarefas laborais que podem ser substituídas ou ampliadas com a automação ou à medida que a automação for criando versões inteiramente novas de trabalho, um livre mercado das descrições de cargos poderá se adaptar de forma mais fácil e rápida. Essa adaptação reflete o quanto uma tarefa está sendo valorizada. O mercado também pode diferenciar as remunerações de modo a refletirem localização, independência, continuidade, reputação e até mesmo como o trabalho suporta missões como sustentabilidade ambiental, justiça social e assim por diante.

Como este sistema de remunerações afeta a liderança? Líderes e trabalhadores irão negociar e renegociar com maior constância a natureza e a remuneração do trabalho, pois trabalho e funções laborais serão perpetuamente reinventados. As negociações de remuneração se concentrarão nas tarefas que são desconstruídas e reconstruídas para otimizar a automação bem como os diferentes tipos de arranjo com trabalhadores humanos. Tanto líderes quanto trabalhadores terão cada vez mais acesso às mesmas informações, uma situação bastante diversa daquela em que apenas o líder conhece os níveis salariais das empresas e apenas os trabalhadores conhecem suas verdadeiras capacidades e alternativas.

O exemplo do trabalho reinventado dos operadores de sonda de perfuração do Capítulo 1 ilustra as remunerações em evolução. Recapitulemos na Tabela 6-2 como o trabalho está mudando.

TABELA 6-2

Mudanças no trabalho de um operador de sonda de perfuração de poços de petróleo

De	Para
Medidores analógicos e *expertise* do operador.	Cabines interativas e digitais com funções automatizadas.
Basicamente trabalho físico.	Trabalho mental ampliado pelo uso da automação.
Foco no controle da plataforma para exploração de petróleo.	Controle compartilhado com um Centro de Operações.
Trabalho com uso intensivo de mão de obra; poucas bonificações para um trabalho pouco especializado.	Trabalho com baixo uso de mão de obra; bonificações maiores para um trabalho mais especializado.

(continua)

TABELA 6-2

Mudanças no trabalho de um operador de sonda de perfuração de poços de petróleo *(continuação)*

De	Para
Variação significativa no desempenho operacional e na previsibilidade da manutenção.	Maior previsibilidade de eventos de manutenção e variação do desempenho muito menor devido ao emprego de sensores, IA e analítica.

Tradicionalmente, os líderes avaliariam este trabalho comparando suas empresas com outras empresas do mercado que empregam trabalhadores na função de "operador de sonda de perfuração", descrita na coluna esquerda da tabela. Os dados do mercado têm pouca relevância para a função reinventada mostrada na coluna da direita. Como um líder deveria avaliar a nova função? Capítulos anteriores mostraram que as opções de otimização do trabalho se basearão cada vez mais em combinações singulares de desconstrução, compatibilidade para a automação, ROIP, disponibilidade de automação e considerações específicas de cada empresa. Como todas as empresas estão reinventando suas funções laborais de forma diferente e rápida, não existirá mais uma amostra de cargos comparáveis em outras organizações. Portanto, nenhum fornecedor de pesquisas salariais será capaz de fornecer dados de mercado para a nova função. Obviamente, no final das contas esse processo de reinvenção poderá produzir algumas combinações comuns e uniformes entre as organizações, porém, provavelmente isso levará muito tempo. Os líderes precisarão desconstruir e reconstruir o trabalho cada vez mais rápido do que as pesquisas salariais tradicionais são capazes de refletir.

Uma forma alternativa de se estabelecer o valor de mercado para um novo trabalho poderia ser estimar a proporção do trabalho para cada tarefa:

- Monitoramento e resposta feita de uma cabine (25% do tempo do trabalhador).

- Coordenação com o centro de operações (30% do tempo do trabalhador).
- Treinamento de IA, inovações e atualização de sistemas (20% do tempo do trabalhador).
- Coordenação de mudanças e engajamento das partes interessadas (25% do tempo do trabalhador).

Em seguida, estima-se um valor de mercado para cada tarefa. Poderíamos consultar uma plataforma de talentos que informe valores (monetários) das tarefas componentes da nova função. Poderíamos fazer uma varredura em bancos de dados de instituições de educação superior para sabermos os salários de formados com certificação. Devemos estabelecer valores para as tarefas, não para a função; portanto, não estamos limitados a um determinado tipo de organização. Podemos extrair dados de uma ampla gama de setores de atividade, inclusive aviação, mineração e transportes. Poderíamos chegar aos seguintes valores médios por hora:

- Monitoramento feito de uma cabine: US$ 45
- Coordenação com o centro de operações: US$ 30
- Treinamento de IA, inovações e atualização de sistemas: US$ 60
- Coordenação de mudanças e engajamento das partes interessadas (valores baseados em *freelancers* que realizam trabalhos de gestão de mudanças)

Ao fazermos isso, nos damos conta de que podemos executar as tarefas laborais combinando-se *freelancers*, contratados por empreitada, e funcionários. Entretanto, se optarmos por reinventar estas tarefas em uma função e supusermos um ano de trabalho de 2.000 horas, o valor de mercado estimado para esta nova função seria de US$ 114.500.

Como considerar as habilidades capacitadoras dos funcionários atuais na função de operador de sonda de perfuração como, agilidade para aprender, pensamento crítico e modo de pensar globalizado, bem como histórico da organização e conhecimentos que formam o tecido conectivo crítico para garantir que diversas atividades sejam integradas apropriadamente? Tais habilidades são intangíveis, pois existem poucos dados de mercado. Portanto, poderíamos acrescentar uma bonificação de 20% por esses intangíveis, elevando o valor de mercado da nova função para US$ 137.000.

À medida que mercados de talentos como a Upwork crescem em escopo e escala, a qualidade dos dados será aperfeiçoada com o tempo, tornando tal análise cada vez mais comum e objetiva.

Utilização de pessoal de forma efetiva e eficiente

De arquitetura de cargos (funções) e mudança de função para arquitetura do trabalho que adéqua continuamente as capacidades às tarefas. Tradicionalmente, os talentos são alocados a funções laborais, usando-se arquiteturas de cargos. Um cargo como "engenheiro de desenvolvimento de software" existe em uma família de funções que contém vários cargos e níveis de engenheiros. Cada nível mais elevado implica escopo, impacto e responsabilidade maiores. Várias famílias de funções como desenvolvimento de software e projeto de redes são agrupados em famílias de funções como engenharia. As empresas contratam e desenvolvem seus trabalhadores através de funções e famílias de funções.

Isso pode ser custoso e ineficiente. Além disso, conforme já visto, trabalho ágil e em constante atualização é reinventado tão rapidamente que tais arquiteturas baseadas em funções não são capazes de acompanhar. A mudança de trabalhadores de um cargo (função) para outro é simplesmente muito grosseira para captar as nuances da desconstrução, reinvenção e automação do trabalho. Quando as unidades de análise são as tarefas laborais, arquiteturas de conhecimentos mais ágeis podem usar dados de várias fontes como LinkedIn e Upwork, cruzando informações para fazer corresponder as capacidades do trabalhador com o trabalho em questão, visando encontrar aqueles mais aptos à função.

Recordemos o exemplo do operador de sonda de perfuração. É possível mapear a adjacência daqueles que desempenharam a antiga função de operador de sonda de perfuração para mostrar a eles precisamente quais habilidades eles precisarão ter para o novo trabalho e como adquiri-las. Alguns dos antigos operadores podem ser alocados na nova função se adquirirem as habilidades necessárias. Ou, parte dos antigos operadores poderia trabalhar meio período em certas tarefas da nova função e, ao mesmo tempo, buscar outro trabalho dentro da própria empresa. A arquitetura de conhecimentos, normalmente impulsionada por IA, é capaz de explorar informações sobre talentos dentro e fora da organização e ver se elas estão de acordo com as exigências à medida que forem surgindo. Trabalhadores podem ser emprestados para um determinado projeto ou conjunto de tarefas que exijam habilidades e domínio da área pelo tempo que durar o trabalho.

Na qualidade de líder, sua relação com o trabalho e os trabalhadores muda fundamentalmente. Você supervisiona opções de alocação que ultrapassam os limites da empresa e o seu papel não é tanto o de adequar trabalhadores em uma dada função para a próxima que venha a ocupar, mas sim o de otimizar o desenvolvimento do trabalhador para que este se ajuste à evolução contínua do trabalho. Mais frequentemente você irá buscar trabalhadores que sejam combinações próximas, mas não necessariamente perfeitas. Você irá alocar trabalhadores a projetos de modo que eles possam desenvolver as habilidades almejadas. A terminologia das funções terá menos importância, ao passo que a terminologia de tarefas desconstruídas, automação e capacidades e desejos dos trabalhadores será usada mais frequentemente.

Assim como as arquiteturas de cargos capacitaram as empresas da segunda Revolução Industrial, a tarefa desconstruída e a arquitetura de conhecimentos formam a base para o ecossistema de trabalho mais interconectado que provavelmente irá caracterizar a quarta Revolução Industrial.

Desenvolvimento

De carreiras com empregos fixos para funções reinventadas. Como garantir então a readequação contínua dos trabalhadores humanos? No passado, condições econômicas estáveis e tecnologia permitiram que o desenvolvimento acontecesse dentro de áreas profissionais específicas e de uma única organização. Os contadores construíram a base de conhecimentos técnicos e então fizeram cursos adicionais e uma progressão de cargos para expandi-las. Eles provavelmente iniciaram a carreira elaborando relatórios financeiros em uma corporação e depois passaram a atuar como auditores em uma grande empresa contábil, tirando proveito do conhecimento de leis e regulamentações contábeis dentro de seu país. Em seguida, provavelmente se mudaram para a área de consultoria ou contabilidade gerencial, devido a seus conhecimentos prévios para acrescentarem *expertise* em contabilidade fora do seu país. Esta jornada seguia uma trajetória estável e previsível para adquirir e aumentar conhecimentos técnicos que eram facilmente verificados e acompanhados.

No futuro, tais conhecimentos técnicos mudarão mais rapidamente, muitas vezes sendo substituídos ou alterados à medida que o trabalho se combina com a automação. Além disso, tais mudanças serão difíceis de prever com boa antecedência. As habilidades capacitadoras terão maior duração, mas os trabalhadores terão de adquirir novos conhecimentos técnicos e desenvolver habilidades capacitadoras, se ajustar a trajetórias de carreira e de aprendizagem que mudam rapidamente.

O líder desempenhará um papel fundamental se o futuro do trabalho e da automação significar o fim da aprendizagem e do desenvolvimento dentro das organizações ou o surgimento de uma abordagem mais precisa, abrangente e sem fronteiras. Essa nova abordagem levará mais em conta o trabalhador como um todo, em vez de apenas aqueles atributos que importam para uma determinada função ou que estão incluídos no modelo próprio de competências de cada empresa. Provavelmente, os futuros líderes não se preocuparam com o desenvolvimento do trabalhador, dependendo destes mesmos trabalhadores trafegar por um sistema de plataformas mais transparentes e comunidades profissionais como o LinkedIn. Entretanto, os líderes têm a oportunidade de criar um engajamento único por parte dos trabalhadores, orientando-os através de opções de desenvolvimento conectadas e em constante evolução, munidos de informações provenientes de estruturas de trabalho mais abertas. Os líderes do futuro que estarão trabalhando nas empresas mais desejadas provavelmente se transformarão exatamente neste tipo de guia capacitado.

A automação do trabalho através da desconstrução e reinvenção do trabalho dará aos líderes uma melhor visão de onde e como a automação irá substituir o trabalho humano em determinadas tarefas. Da mesma forma, a requalificação dependerá cada vez mais de habilidades capacitadoras e não de conhecimentos técnicos. As novas trajetórias de readequação de habilidades indicarão muitos tipos diferentes de trabalho que abarcarão diferentes áreas profissionais e métodos de contratação.

Contadores, além de seus conhecimentos técnicos de contabilidade, também podem possuir habilidades capacitadoras: um modo de pensar globalizado, metodologias e processos, cautela e aversão ao risco e voltado para o aprendizado.

Trajetórias de readequação de habilidades irão indicar como essas habilidades dão suporte à trajetória completa de desenvolvimento e aos novos conhecimentos técnicos adquiridos ao longo do percurso. Hoje em dia, a carreira de um contador poderia incluir administrar uma plataforma de petróleo na Arábia Saudita, deixando a função atuarial para uma seguradora internacional ou então atuar como um assessor de qualidade independente para uma grande indústria farmacêutica. Estes trabalhos parecem muito distantes da trajetória tradicional da carreira. O que estes diferentes tipos de trabalho têm em comum?

Cada um deles requer as seguintes habilidades capacitadoras para o sucesso:

- Administrador de plataforma de petróleo: É preciso ter um modo de pensar globalizado para gerenciar uma equipe de trabalhadores ao redor do mundo. A orientação por métodos e processos garante a integridade do trabalho extremamente repetitivo e baseado em processos. Ser extremamente cauteloso leva ao sucesso já que um pequeno erro pode gerar consequências devastadoras.
- Líder atuarial: O modo de pensar globalizado é requesito para comandar uma função de alcance mundial. A orientação por métodos e processos é necessária para manter a integridade na determinação de fundos, avaliação de pedidos de ressarcimento, etc. A cautela e a aversão ao risco melhoram o desempenho em diligências prévias para avaliação de riscos*.
- Assessor de qualidade independente: Um modo de pensar globalizado não é utilizado para supervisionar uma equipe global, mas sim para avaliar processos e produtos em vários países. A orientação por processos agora suporta a criação de processos consistentes e replicáveis que podem ser auditados e verificados. Habilidades capacitadoras como cautela e aversão ao risco estão em jogo para o estabelecimento

* Diligência prévia (do inglês, *due diligence*) refere-se ao processo de investigação de uma oportunidade de negócio que o investidor faz para poder avaliar os riscos da transação antes de concretizar a negociação. Embora tal investigação possa ser feita por obrigação legal, o termo refere-se normalmente a investigações voluntárias. *Fontes*: https://pt.wikipedia.org/wiki/Diligência_prévia e www.businessdictionary.com/use-due-diligence-in-a-sentence. (N.T.)

de tolerâncias ao risco apropriadas para eventuais desvios dos padrões estabelecidos.

Habilidades do Líder do Futuro Bem-Sucedido

À medida que funções e organizações se reinventam perpetuamente visando a automação do trabalho, os líderes evoluirão passando de atividades como contratar profissionais e delegar tarefas para a orquestração de trabalho em evolução realizado por automação e vários tipos diferentes de relações com os trabalhadores humanos. Habilidades como reinventar funções continuamente e a capacidade de não apenas encontrar e fomentar competências técnicas, mas também criar habilidades capacitadoras, serão uma vantagem.

Otimizar a automação do trabalho reinventando funções perpetuamente exige mudanças fundamentais na liderança e nas relações de líderes com os trabalhadores. Uma das mudanças mais importantes será na transparência com a qual líderes e trabalhadores lidarão com o trabalho constantemente reinventado. As organizações mais ágeis devem ter todos (trabalhadores e líderes também) dispostos e aptos a compartilhar de forma sincera o que eles sabem a respeito de como o trabalho está mudando para reinventá-lo. Isso exigirá coragem por parte dos líderes.

John Boudreau entrevistou o ex-ministro do Comércio, Carlos Gutierrez, que observou que uma economia americana ágil e competitiva depende de uma força de trabalho ágil e competitiva capaz de identificar oportunidades de trabalho em evolução e os caminhos a serem seguidos para se preparar para elas. Ele lembrou uma de suas decisões mais difíceis quando era CEO da Kellog Company: fechar a planta industrial de Battle Creek em 1999.[10] A planta original era um ícone dentro da companhia, mas seus processos eram obsoletos na era moderna da manufatura. Gutierrez e a equipe da Kellog se esforçaram para tratar os trabalhadores de forma humana, mas havia limitações no caminho que eles poderiam oferecer, particularmente para trabalhadores impedidos ou não dispostos a se mudar. Eles informaram os trabalhadores sobre o fechamento da fábrica logo depois da decisão ter sido tomada.

Boudreau perguntou a Gutierrez há quanto tempo ele havia sido informado sobre o fechamento. Ele disse que vários CEOs anteriores haviam previsto a inevitabilidade do fechamento, mas a tarefa penosa de ter que mandar embora os funcionários e as perspectivas sombrias para a comunidade haviam adiado a decisão. Gutierrez achou que era seu dever não passar esta questão adiante para o próximo CEO.

Atualmente, trabalhadores diante do fechamento de uma fábrica podem ter mais opções, inclusive a de morar em Battle Creek, mas usando ferramentas virtuais e plataformas para encontrar oportunidades futuras. No mundo do trabalho cada vez mais ágil e rico em dados, trabalhadores e líderes devem se preparar para uma inevitável obsolescência do trabalho. Poderiam eventos futuros como o fechamento de uma fábrica ser menos chocantes no novo mundo de novas alternativas em constante mutação?

Isso exige um novo modo de pensar. Gutierrez sugeriu que mesmo os líderes de hoje, ao se verem diante da obsolescência do trabalho e da disrupção, instintivamente irão esperar os trabalhadores se engajarem depois de uma decisão difícil ter sido tomada. Ele disse: "Olhando para trás, minha equipe e eu tínhamos a escolha em relação ao quão antes e de forma transparente iríamos dar a notícia."[11]

Os líderes assumem que se eles revelarem as mudanças muito cedo, isso irá provocar estresse, reações contenciosas por parte de sindicatos e da comunidade, bem como, o pedido de demissão de funcionários-chave. Por que arriscar iniciar uma conversa desagradável antes do necessário? Tais suposições tradicionais devem ser questionadas caso líderes e trabalhadores adotem trabalho e aprendizado ágeis.

Todos os dias líderes e trabalhadores têm escolhas sobre o quão transparentes deveriam ser sobre o conhecimento deles de como o trabalho está mudando. Conversas honestas e sinceras sobre a contínua atualização do trabalho dão a líderes e trabalhadores tempo e oportunidade de se ajustarem, mesmo isso sendo doloroso. Os seus líderes são impelidos por antigas suposições de se manterem quietos até que aconteçam mudanças disruptivas? Ou o RH está dando subsídios para líderes e trabalhadores perceberem e discutirem de forma transparente, e se prepararem para mudanças inevitáveis no trabalho?

Como líder você deve se preparar para todas as mudanças trazidas pela automação. Também deve se preparar para a possível automatização do seu próprio trabalho. Trataremos deste tópico em nosso capítulo final, mostrando como aplicar ao seu próprio trabalho nosso modelo de quatro etapas.

CAPÍTULO 7

Desconstrua e Reconfigure o Seu Trabalho

Usando o Modelo de Automação do Trabalho para se Orientar no Percurso da Evolução do seu Próprio Trabalho

Agora é possível entender como a acelerada reinvenção das funções laborais otimiza a automação do trabalho. Nosso modelo e exemplos demonstram que é fácil cair em armadilhas como previsões sobre o fim do trabalho humano, robôs substituindo os humanos e sensores em objetos criando dados. Como vimos, a automação cognitiva pode prever o comportamento humano melhor e mais rapidamente do que qualquer pessoa e ensinar a si mesma como vencer jogos, sejam seus oponentes seres humanos ou máquinas. Uma rápida busca na internet irá facilmente trazer à tona previsões como um recente artigo da *Fast Company* listando "as 10 ocupações que serão substituídas por robôs", entre as quais caixas de banco, jornalistas e estrelas do cinema.[1] Ou, uma fascinante ilustração no jornal *The Politico* mostrando um futuro em que humanos cuidam de outros humanos que estão envelhecendo, enquanto robôs fazem todo o resto para movimentar mercadorias e informação.

Nosso modelo estruturado mostra que a automação não irá substituir as pessoas tão logo assim. De modo mais realista, o futuro irá apresentar combinações em constante evolução de trabalho humano e trabalho automatizado. Só é possível visualizar os padrões nesta evolução através da desconstrução, ROIP e automação de trabalho otimizada.

Como se preparar? Neste capítulo final, explicamos como aplicar nosso modelo de "reinvenção do trabalho" ao seu próprio trabalho e carreira. O modelo pode ajudá-lo a identificar os objetivos e as abordagens mais otimizadas para a sua carreira e trabalho.

O Eterno Debate entre Trabalho Ágil e Funções Reinventadas

No Capítulo 6, recomendamos que trabalhadores e líderes devem continuamente manter conversas sobre como o trabalho deles tem evoluído de modo a poderem identificar maneiras de atualizar o trabalho, reinventar funções laborais, automatizar o trabalho e encontrar o equilíbrio entre trabalho humano e automatizado. A única maneira de conseguir acompanhar a evolução é fazer este debate constantemente. Desta forma, é mais provável que você preveja a evolução que mais lhe afetará, bem antes de um momento disruptivo quando a automação já terá substituído grande parte da função por você exercida. Esse debate não deve se restringir a si próprio, seus líderes e colegas, mas deve envolver também as instituições de ensino e governos.

O modelo para reinvenção do trabalho permite que se estabeleçam conversas inteligentes, produtivas e com várias nuances. Pode-se enxergar além do exagero típico de robôs roubando empregos humanos e todos os trabalhadores se transformando em desocupados que só fazem pequenos trabalhos esporádicos. Agora você pode se concentrar na desconstrução do trabalho, descrição da ROIP e na reinvenção das funções para otimizar a combinação entre o trabalho humano e a máquina.

Por onde começar tais debates?

Algumas vezes a sua empresa lhe dará a resposta. Em nosso livro anterior, *Lead the Work*, descrevemos como a IBM lidou com os desafios do novo trabalho, construindo um mercado de talentos que desconstrói as funções em tarefas e apresenta a seus trabalhadores tais tarefas em uma plataforma em que eles podem se oferecer voluntariamente e acompanhar suas realizações. A abordagem da IBM implica na desconstrução do trabalho e permitindo aos trabalhadores escolherem projetos de curto prazo. Também envolve reinventar funções laborais, decidir quais tarefas manter em uma dada função. A reinvenção engloba fronteiras permeáveis, com tarefas de curto prazo em que algumas vezes se troca funcionários da IBM por funcionários de clientes ou parceiros. Este mercado de talentos interno não apenas estimula o debate sobre a reinvenção de funções, como também o requer. Líderes e trabalhadores da IBM precisam trabalhar juntos constantemente para otimizar o equilíbrio das tarefas, trabalhos regulares e automação.

Algumas vezes os elementos catalisadores para novos debates partirão de instituições de ensino. Eloy Ortiz Oakley, diretor do California Community Colleges, destacou experimentos com alternativas para cursos de graduação distribuídos em vários anos. Por exemplo, "credenciais acumuláveis e com portabilidade"* permitem aos trabalhadores ficar alternando entre períodos de estudo

---

* Credenciais com portabilidade: reconhecidas por empregadores e instituições educacionais espalhadas por todo o país (Estados Unidos) e, certas vezes, até mesmo mundialmente (como pela Índia, Comitê Europeu, Filipinas e Austrália). Estas credenciais são certificadas por órgãos reguladores.

Credenciais acumuláveis: os estudantes podem obter credenciais no curto prazo, mas com reconhecido valor no mercado de trabalho, podendo acumulá-las gradativamente para poderem ter acesso a vagas mais qualificadas e com salários maiores. Estes certificados e credenciais acumuláveis pós-ensino médio, podem ser uma ótima alternativa para ingressar mais rapidamente no mercado de trabalho, essencial para aqueles estudantes que precisam trabalhar e estudar ao mesmo tempo mas que não têm condições de aguardar quatro a seis anos para finalmente obterem um diploma de nível superior.

Fonte: "Portable, Stackable Credentials: A New Education Model for Industry-Specific Career Pathways", www.jff.org/sites/default/files/publications/materials/Portable Stackable Credentials.pdf. (N.T.)

e de trabalho remunerado.[2] Eles podem fazer cursos de curta duração para obter credenciais* com valor imediato para o mercado de trabalho, retornar ao trabalho e depois voltar para a faculdade para obter novas credenciais. Todas as credenciais ao longo do caminho contam para a obtenção de certificados ou diplomas de curso superior e diferentes combinações de credenciais podem ser acumuladas visando uma qualificação para o mercado de trabalho ou a obtenção de um certificado.

Por outras vezes, os elementos catalisadores para esse debate vêm de nações e governos. Por exemplo, todas as nações estão enfrentando a questão de como manter a continuidade da remuneração enquanto os trabalhadores estão adquirindo novas habilidades ou dando uma pausa. Uma solução popular e controversa é a UBI (*Universal Basic Income*, renda básica universal). Uma UBI em sua forma mais pura é um pagamento em dinheiro periódico para indivíduos que não possuem um atestado de pobreza ou o preparo suficiente para um dado trabalho. Ela é apregoada como uma forma de permitir às pessoas terem condições de adquirir a cesta básica e pagar uma moradia, sem ter uma organização que pague a elas. Os trabalhadores ficariam livres para buscarem o trabalho de que

---

* Uma credencial para instituições de ensino e mercado de trabalho pode ser definida como uma verificação da qualificação ou competência de um indivíduo emitida por um terceiro com a autoridade necessária para emitir tais credenciais (U.S. Department of Labor, 2010). O termo credencial engloba certificados, graduação e certificações de instituições de ensino e licenças emitidas por órgãos governamentais.

Este tipo de credencial é um importante passo para a trajetória profissional de muitas pessoas. Tanto no ensino médio como no superior, os estudantes têm oportunidade de obter credenciais que atestam domínio técnico, qualificação acadêmica e competência para realizar uma tarefa ou operação — transferindo reais benefícios econômicos para o mercado de trabalho. Estas credenciais também são úteis para os empregadores, permitindo a eles determinar o nível educacional e técnico dos pretendentes a uma vaga sem terem que realizar testes com cada um dos candidatos. *Fonte*: https://www.acteonline.org/uploadedFiles/Dump/What_is_a_Credential_71417.pdf. (N.T.)

gostassem ou para o qual estivessem qualificados para mudar para uma profissão inteiramente nova. A Finlândia lançou um experimento de dois anos com a UBI selecionando 2.000 desempregados para receber 560 euros por mês (cerca de 1/5 da renda média).[3]

Uma variante deste tema é um híbrido de benefícios e seguro-desemprego, quando os trabalhadores recebem salário, depois de terem sido substituídos pela automação, para apoiá-los em seus esforços de se reinventarem. O governo de Cingapura dá subsídios e fornece uma lista de habilidades aprovadas pelo governo, encorajando os trabalhadores a adquiri-las e as empresas a darem a seus trabalhadores o tempo de afastamento necessário.[4]

Bill Gates propôs um "imposto sobre robôs": um empregador que substituísse um trabalhador por uma máquina pagaria impostos equivalentes àqueles do trabalhador. A ideia é diminuir o ritmo da automação e criar fundos para oferecer aos trabalhadores substituídos as ferramentas e oportunidades de se qualificarem para outro trabalho. A cidade de São Francisco estava considerando seriamente a ideia em 2017.[5]

Organizações, instituições de ensino e governos são importantes para um ecossistema de ocupações do futuro que efetivamente se adapte à inevitável reinvenção do trabalho. Contudo, todos eles se apoiam em uma base de trabalhadores e líderes como você. Todos os trabalhadores e líderes têm um papel neste debate contínuo, pois eles se encontram na linha de frente. Serão eles os primeiros a verem os riscos e as oportunidades da reinvenção do trabalho. Quanto mais rapidamente e mais alertas estiverem para detectá-los, quanto mais discutirem de forma transparente a este respeito, maior será a probabilidade de as organizações e a sociedade preverem atualizações no trabalho com antecedência e sofisticação suficientes para evitar disrupção desnecessária e inútil.

O modelo estruturado para reinvenção de trabalho é capaz de orientar esses debates.

Reinventando o Trabalho: Uma Ferramenta para Aplicar à sua Própria Carreira

O processo e modelo de quatro etapas podem ajudá-lo a prever como o seu próprio trabalho irá evoluir ajudando-o a se preparar para ele. Desconstrua a sua ocupação atual e futuras em tarefas laborais. Em seguida, observe como o ROIP e a automação estão evoluindo. Onde a automação irá substituir ou ampliar a capacidade do seu trabalho? O que você pode fazer para se reinventar de modo a melhor se adequar às tarefas que ainda continuarão a ser feitas por seres humanos?

Siga as quatro etapas conforme elas se apliquem ao seu trabalho atual e trabalhos futuros:

- Etapa 1: Desconstrua o seu trabalho. *Insights* fundamentais são revelados nas tarefas contidas nas funções laborais.
- Etapa 2: Avalie o ROIP. Os benefícios obtidos constituem o retorno sobre um melhor desempenho.
- Etapa 3: Identifique as opções para automação. Escolha entre automação de processos, IA e robótica.
- Etapa 4: Otimize o trabalho. Encontre a combinação correta entre desconstrução, ROIP e automação.

Etapa 1: Desconstrua o seu Trabalho

Decomponha o seu trabalho em tarefas e considere como será a evolução de cada uma delas. Para encontrar as tarefas laborais, comece com a descrição do seu cargo e suas tarefas, resultados e competências. Considere também como você realmente executa o trabalho, particularmente se isso for diferente da descrição formal do cargo. Descreva tarefas adicionais e acrescente-as à sua lista.

Avalie cada tarefa em relação às três características dos elementos laborais, para verificar qual delas poderia ir no sentido de se afastar do emprego tradicional e ir na direção da automação. As tarefas são:

- Repetitivas ou variáveis?
- Independentes ou interativas?
- Físicas ou mentais?

Quanto mais repetitiva, independente e física for a tarefa, maior será a probabilidade de ela ser automatizada agora ou num futuro próximo. Mesmo no caso de trabalho mental, se ele for independente e repetitivo, ele poderá ser automatizado por RPA e IA. Trabalho físico provavelmente será automatizado por robótica.

Agora, escreva como poderia ser a descrição do cargo daqui a dois, cinco e dez anos. Elimine as tarefas em que a automação substituirá os seres humanos. Mantenha aquelas em que a automação irá ampliar a capacidade do trabalho humano e considere como o seu trabalho irá mudar com essa ampliação. Finalmente, quais tarefas são mais prováveis de continuarem a ser feitas por humanos por um longo tempo? Quais dessas tarefas provavelmente serão feitas por funcionários efetivos e quais serão feitas através de outros tipos de arranjo que não sejam o emprego tradicional?

Uma vez que você tenha desconstruído e reinventado o seu trabalho, provavelmente irá descobrir que ele contém parte das tarefas que você já faz hoje. Quais elementos laborais poderiam ser acrescentados ao seu trabalho à medida que ele evolui (isto é, trabalho novo que será criado)? É possível reconstruir o cargo a partir do trabalho remanescente acrescido do trabalho novo? Como isso se alinha com suas habilidades únicas? Seria possível realizar parte do trabalho usando-se plataformas para *freelancers*, trabalho por contrato ou outros modelos de arranjos seja em sua empresa ou em algum outro lugar?

A revista *The Economist* descreve como o trabalho do futuro irá combinar trabalhadores humanos, automação e plataformas de trabalho *freelance*:

> Para que carros autônomos reconheçam a sinalização de trânsito e os pedestres, algoritmos precisam ser treinados, alimentando-os com uma grande quantidade de vídeos mostrando os dois. Estas sequências filmadas precisam ser "marcadas" manualmente, significando que os sinais de trânsito e os pedestres precisam ser marcados como tal. Esta identificação já mantém ocupados milhares [de trabalhadores humanos]. Uma vez que um algoritmo é colocado em ação, seres humanos precisam verificar se estes carros fazem um bom trabalho e dar *feedback* a eles visando melhorá-los. Um serviço oferecido pela CrowdFlower, uma *startup* para micro-tarefas, é um exemplo daquilo que é chamado "humano no processo". Trabalhadores digitais classificam consultas via *e-mail* feitas por consumidores, classificação esta feita por conteúdo, opiniões e outros critérios. Estes dados são alimentados através de um algoritmo, capaz de tratar a maioria das consultas feitas. Porém, perguntas que não têm uma resposta simples são novamente direcionadas aos trabalhadores humanos.[6]

Etapa 2: Avalie o ROIP

Para cada tarefa atual e reinventada, como o aumento no desempenho cria valor? As quatro curvas ROIP descritas no Capítulo 2 podem ajudá-lo a mapear os benefícios do trabalho. A Figura 7-1 mostra as quatro curvas; o eixo vertical é o valor do desempenho e o eixo horizontal é o nível de desempenho.

É possível descobrir pistas sobre o ROIP de tarefas laborais em discussões com a sua organização sobre o seu desempenho, os principais indicadores de desempenho, etc. Conversas sobre desempenho, objetivos, remuneração e desenvolvimento normalmente dependem de um entendimento comum sobre as tarefas que compõem a função e como estas diferentes tarefas dão retorno.

Tendo sido identificado o ROIP, considere as implicações para o trabalho e a automação. Para tarefas que agregam ROIP por evitar falhas, poderiam robôs, RPA ou automação cognitiva reduzir mais ainda o erro humano? Se tarefas com risco de erros forem automatizadas, sobraria mais tempo livre para o trabalhador despender em tarefas que produzem valor incremental?

Figura 7-1

ROIP para o espectro completo de desempenho potencial

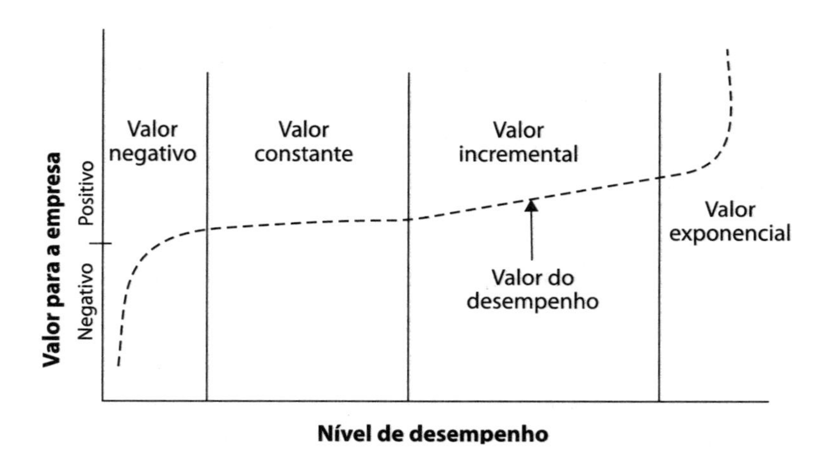

Para tarefas em que diferentes abordagens ao desempenho agregam muito pouco valor além de certo padrão mínimo, seria possível à IA aprender a melhor maneira de realizar o trabalho? Ou a IA irá ajudar a treinar ou incitar os trabalhadores no sentido de uma forma comum de desempenho? Se este trabalho puder ser feito de forma consistente, isto permitiria economizar tempo em variantes improdutivas?

Para tarefas que agregam valor incremental, a automação o ajudaria a se deslocar para cima e para a direita da curva ROIP? Por exemplo, se você adicionasse valor incremental ao interagir com clientes, iria a automação melhorar suas interações, fornecendo-lhe mais informações sobre o cliente? A IA faria fundamentalmente com que você e outros trabalhadores se equivalessem àqueles com maior desempenho hoje? Ou, o seu maior valor seria treinar a IA para que esta aprenda os padrões mais bem-sucedidos de interação com o cliente?

Finalmente, para tarefas que geram ROIP exponencial, como a automação criaria tipos inteiramente novos de trabalho? Por exemplo, se o seu valor está em compreender as sutilezas de como um equipamento funciona ou como partes de um processo se integram então, quando a automação assumir as tarefas de operar o equipamento ou monitorar o processo, o seu novo trabalho ocorreria em uma cabine, a partir da qual você operaria e diagnosticaria uma série de máquinas e processos, da mesma forma como ocorreu com os operadores de sonda de perfuração de poços de petróleo discutido anteriormente?

Etapa 3: Identifique Opções para Automação

Considere agora os três tipos de automação (Ver Capítulo 3): RPA, automação cognitiva e robótica social. Determinar quais tipos de automação se aplicarão ao seu trabalho irá ajudá-lo a compreender as prováveis velocidade e consequências da automação para você. Lembre-se de que na maioria das situações reais, vários tipos de automação irão convergir.

A RPA se aplica melhor caso o seu trabalho contenha tarefas mentais com um ou mais dos três Rs: repetição, redundância e risco. A RPA não precisa de inteligência programada; portanto, ela é a forma de automação mais barata, rápida e fácil de aplicar. Se suas tarefas forem adequadas ao emprego de RPA, provavelmente você poderá assumir que elas não serão feitas por você ou outros seres humanos.

Os trabalhadores humanos e seus sindicatos ou outros representantes normalmente resistem à RPA, com medo de serem por ela substituídos. Trata-se de uma possibilidade muito real. Entretanto, a solução no longo prazo raramente irá impedir a nova tecnologia. Em vez disso, a resposta ideal e socialmente mais benéfica provavelmente virá à tona à medida que trabalhadores e líderes forem discutindo abertamente e com frequência suas implicações e reinventem as profissões antes que humanos sejam substituídos. Recente artigo da *Chicago Tribune* descreveu uma fábrica em Wisconsin em que os robôs não substituem seres humanos, mas sim preenchem lacunas provocadas por falta de trabalhadores.[7] Em uma linha de montagem destinada a doze trabalhadores, "duas eram de ausentes. Um acabara de ser preso por posse de entorpecentes e descumprimento das condições da suspensão condicional da pena. Três outros postos estavam vazios pelo fato de a empresa não ter encontrado ninguém para realizar o trabalho. Por isso, seis pessoas da linha ficavam mudando de posto em posto, colocando rapidamente as peças no lugar e construindo contêineres de metal à mão, muito ocupados para progredirem". Apesar de aumentos salariais e tentativas de contratar trabalhadores qualificados e estáveis, a falta de mão de obra continuou.

A RPA e a robótica social ofereciam uma solução em que todos saiam ganhando: "Em décadas anteriores as empresas teriam reagido a esta escassez de mão de obra desistindo da esperança de expansão ou então aumentando bastante os salários até que preenchessem as vagas. Porém, hoje em dia, eles tinham outra opção. Os robôs haviam se tornado mais acessíveis. Não eram mais necessários investimentos na casa dos milhões. Eles poderiam ser comprados por US$ 30.000 ou até mesmo serem alugados por hora". Os supervisores explicaram que os robôs não tomariam o emprego de ninguém, mas sim supririam funções que eles operários não seriam capazes de fazer. Uma operária, exercendo a função de modo fidedigno por anos, cansada da constante rotatividade de mão de obra e postos de trabalho vazios que exigiam que ela trabalhasse mais, quando um deles disse: "Os robôs estão tirando nossos empregos", ela afirmou, "Não, eles não estão... pois a tarefa que eles executam não é um bom emprego para ninguém".[8] A automação cognitiva pode fazer coisas como reconhecer padrões, compreender linguagens e aprender regras. Qual de suas tarefas faz este tipo de coisas? Se os padrões forem simples, as linguagens forem bem conhecidas e as regras forem fixas, então a automação cognitiva ou a IA poderiam substituir os seres humanos, ou já o fazem. A mudança para a automação é até mais rápida quando a automação cognitiva pode ser combinada com sensores, como câmeras dotadas de IA que sabem que estão fotografando.[9]

Por outro lado, quanto mais complexos ou obscuros forem os padrões, as linguagens e as regras de sua tarefa, mais tempo a automação cognitiva levará para dominá-los. De fato, no intervalo entre trabalho totalmente humano ou totalmente automatizado, o novo trabalho para o homem é treinar a automação cognitiva. Passageiros humanos treinam a IA que dá suporte aos carros autônomos. Toda vez que um humano corrige a IA, o programa aprende. Talvez o seu trabalho vá evoluir e passar de realizar a *tarefa* para *treinar a IA* para aprender a tarefa. A Uber construiu uma cidade de teste em Pittsburgh, chamada Almono, inteiramente povoada por carros autônomos. Na cidade de teste, os projetistas de automação podem simular situações que não seriam possíveis de se testar no mundo real, como bonecos que surgem bruscamente na frente dos veículos. Além de testes de veículos, um importante objetivo é treinar motoristas humanos que mais para frente irão conviver com os veículos em ruas reais: "O programa que treina operadores de veículos é rigoroso. São necessárias três semanas para completá-lo e exige que os *trainees* passem por vários exames escritos e testes práticos nas ruas".[10]

Obviamente, logo a IA será capaz de ensinar a si própria. Em outubro de 2017, o sistema de IA AlphaGo Zero alcançou o que alguns chamaram de uma "singularidade", aprendendo a jogar o jogo de tabuleiro Go sem nenhuma interação humana. Os projetistas simplesmente programaram o jogo com as regras e os objetivos e, em seguida, instruíram-no a jogar por si só, repetidamente e à exaustão, e muito rapidamente. Um sistema AlphaGo anterior havia requerido ser programado com os últimos jogos em que especialistas humanos haviam participado. Este primeiro sistema derrotou um campeão mundial em março de 2016. O novo sistema jogando apenas consigo mesmo, derrotou o AlphaGo original.[11] Portanto, esteja alerta à contínua evolução. Talvez, num futuro próximo, você irá ensinar automação como foi feito com o AlphaGo original, porém, no final das contas a automação, como no caso do AlphaGo Zero, aprenderá por conta própria, de forma que você terá de se reinventar novamente.

A robótica social envolve robôs que se deslocam e interagem fisicamente com humanos. O robô Baxter é um *cobot* que trabalha ao lado de seres humanos para fazer tarefas como carregamento, operação automatizada de máquinas e ferramentas e movimentação de materiais. A *Fast Company* descreveu *cobots* que cumprimentam os hóspedes no Henn na Hotel ("hotel estranho") e fazem café e a limpeza de quartos no YOTEL de Nova York; "Botlrs" no Starwood Hotels que usam o elevador sem serem assistidos para entregar aos hóspedes pequenas lembranças como cortesia; um OSHbot nas lojas Lowe's que localiza itens para os clientes e um segurança provido de IA chamado Bob.[12] Na Sloan School of Management do MIT, o pessoal que está trabalhando a partir de suas casas pode participar de reuniões, por meio de um robô.

Um artigo da *Financial Times* destaca a necessidade de os trabalhadores analisarem constantemente como seus trabalhos serão reinventados.[13] Ele descreve uma instalação com uma linha de montagem tradicional com trabalhadores humanos de um lado e uma linha reforçada com um *cobot* do outro:

> De um lado, a luz é tênue e os trabalhadores se posicionam ao longo de linhas de montagem repetindo a mesma tarefa à exaustão. Do outro, um grupo de caminhões robotizados baixinhos se movimenta rapidamente pelo chão de fábrica reabastecendo estações de trabalho reconfiguradas. Nestas pequenas células, um único funcionário ajudado por uma bancada robótica monta um sistema propulsor praticamente completo que será usado para acionar a produção de tudo, de carros a Coca-Cola. Em outro local, um braço mecânico cha-

mado Carmen ajuda os operários a carregar máquinas ou a retirar componentes de compartimentos. Aqui a luz é mais brilhante e os operários dizem que são mais felizes. "Tudo que preciso está no lugar certo. Não tenho que levantar peças pesadas", diz Jürgen Heidemann, que trabalha lá há 40 anos, desde quando tinha 18 anos. "Isso é mais satisfatório, pois estou montando o sistema inteiro. Eu fazia apenas uma peça na linha antiga". Stéphane Maillard, veterano montador de aeronaves há 13 anos, diz que o robô não substituiu o seu trabalho. "Ele mudou o jeito de se trabalhar... Antes era bastante manual. Hoje está mais para pilotar um robô. Nossos operadores jamais voltariam atrás".[14]

Estes *cobots* de baixo custo agora permitem que pequenas fábricas locais que anteriormente não tinham condições de concorrer, operem de forma competitiva e preservem empregos para seres humanos. Contudo, o artigo também observa que muitas empresas recusaram a solicitação do repórter de ver os seus *cobots* em ação, talvez temendo propaganda negativa. Tony Burke, secretário-geral assistente do sindicato Unite, observou que "a perda de empregos poderia ser tremenda em algumas áreas... mas a questão é que ninguém realmente sabe".[15] A solução não é negar os fatos ou ocultá-los da imprensa. O progresso irá exigir debates difíceis, abertos e sinceros sobre os efeitos específicos da automação no nível da tarefa laboral. O modelo apresentado neste livro pode ajudar a definir e orientar esses debates, ir além de questões focadas na perda de empregos e chegar a um consenso sobre as melhores combinações entre trabalho humano e automatizado, envolvendo a sociedade, trabalhadores, sindicatos, empresas e comunidades.

Etapa 4: Otimize o Trabalho

As três primeiras etapas, aplicadas ao seu trabalho e ao trabalho de seus colegas, o prepara para pensar como o trabalho irá evoluir e como se preparar para isso. O segredo é distinguir e integrar os elementos de nosso modelo: tarefas laborais, ROIP, tipo de automação e papel da automação.

John Donahoe, CEO da ServiceNow, coloca isso muito bem:"Existe a suposição de que serão pessoas ou robôs, tudo ou nada. Minha experiência diz que isso não funciona desta forma. Parte do trabalho é automatizada, mas não ele todo. Trabalho manual e repetitivo: ninguém que o está fazendo realmente gosta disto. A tecnologia substitui e cria. Ela substitui trabalho manual e cria novas oportunidades: novas tarefas, se assim quiser. E produtividade cria crescimento que, por sua vez, cria novos tipos de trabalho. É um círculo virtuoso. É muito fácil tratar do assunto em termos dualistas, mas eu simplesmente não acredito que esta seja a realidade".[16]

Etapa 5: Transite pela Empresa

Descobrir como suas tarefas vão evoluir e como reinventar o seu trabalho não é o fim da conversa. O seu trabalho existirá em uma empresa maior que também está se reinventando. Tal organização não será confinada pelos limites tradicionais, com funcionários dentro da empresa realizando o trabalho e outros fora esperando ingressar nela. Em vez disso, a empresa do futuro será um arranjo de trabalho, como aquele discutido no capítulo anterior: agentes independentes, plataformas para atração de talentos, voluntários, alianças, terceirização, robótica e inteligência artificial.

Você precisa transitar por esta empresa, encontrando a maneira ideal como a reinvenção do seu trabalho se adéqua e se conecta com aqueles que são os seus clientes e colaboradores. Algumas vezes você será um empregado tradicional, outras vezes um *freelancer* numa plataforma, e por outras, trabalhará por uma temporada estabelecendo uma parceria e assim por diante.

Questione-se:

- Qual parte do meu trabalho futuro deverá ser mantida em um emprego tradicional?
- Qual proporção deste trabalho futuro devo buscar na condição de trabalhador avulso através de uma plataforma de trabalhos?
- Que tarefas serão substituídas *versus* ampliadas pela automação?
- Como adquirir a experiência e as habilidades necessárias que darão apoio à minha evolução?
- Em quais tarefas e funções eu deveria me tornar um *expert*, disposto a treinar IA ou seres humanos?

Princípios que Orientam o Desenvolvimento e o Uso da Inteligência Artificial

O debate sobre IA já está em curso. Em outubro de 2017, o ITI (Information Technology Industry Council), um grupo setorial global de empresas de tecnologia, como Apple e Google, lançou um conjunto de princípios destinados a orientar o desenvolvimento e o uso da IA, bem como as responsabilidades das principais partes envolvidas, como empresas, governos e parcerias público-privadas. Apresentamos a seguir um excerto de uma síntese executiva:[a]

"A Inteligência Artificial (IA) é um conjunto de tecnologias capaz de aprender, raciocinar, adaptar-se e realizar tarefas inspiradas na lógica da mente humana. Com acesso a dados e ao poder computacional bem como à engenhosidade necessária para extrair valor cada vez maior dela, pesquisadores estão construindo softwares e máquinas inteligentes para aumentar a produtividade humana e empoderar as pessoas. *Startups*, empresas de médio porte e grandes empresas de tecnologia desenvolveram sistemas de IA para ajudar a resolver alguns dos mais prementes problemas da sociedade, indo de diagnósticos médicos à educação, da produtividade econômica ao empoderamento.

Embora seja impossível prever a natureza transformadora da IA, como aconteceu com evoluções tecnológicas anteriores a ela, acreditamos que as possíveis implicações serão enormes. Para garantir que a IA possa colocar em prática seu enorme potencial positivo, o Information Technology Industry Council (ITI) – porta-voz global do setor de tecnologia – assume a responsabilidade do setor para ser um elemento catalisador na preparação para o mundo da IA. Em nossos Princípios de Política, descrevemos áreas específicas em que indústria, governos e outros possam colaborar, bem como as oportunidades específicas para parcerias público-privadas. Para adiantar estes princípios, os quais esperamos evoluirão juntamente com a tecnologia de IA, reconhecemos o seguinte:

Responsabilidade do Setor em Promover o Desenvolvimento e Uso Responsáveis: Reconhecemos nossa responsabilidade de integrar estes princípios no projeto de tecnologias de IA, além do cumprimento das leis existentes. Embora os possíveis benefícios para as pessoas e a sociedade sejam estupendos, pesquisadores de IA, especialistas da área e partes interessadas devem continuar a investir um bom tempo trabalhando para garantir o projeto e o emprego responsável de sistemas de IA, inclusive levando em conta questões de segurança e mecanismos de controle, uso de dados robustos e representativos, possibilitando maior interpretabilidade e reconhecendo que as soluções devem ser adaptadas aos riscos únicos apresentados pelo contexto específico no qual um determinado sistema opera.

Oportunidade para Governos Investirem no Ecossistema de IA: Encorajamos o apoio robusto a pesquisa e desenvolvimento (P&D) para fomentar a inovação através de incentivos e financiamentos. Como fonte primária de financiamento para iniciativas empreendedoras, apoiamos o investimento de governos em campos de pesquisa específicos ou altamente relevantes para a IA, entre os quais: defesa cibernética, análise, detecção de transações ou mensagens fraudulentas, ampliação das capacidades do ser humano com o emprego de tecnologias, processamento de linguagem humana, interfaces e visualizações. Também encorajamos os governos a avaliarem ferramentas de política existentes e a adoção de precaução antes de adotarem novas leis, regulamentações ou impostos que possam, inadvertida ou desnecessariamente, impedir o desenvolvimento e o uso responsável da

IA. Isso se estende à natureza fundamental de proteger código-fonte, algoritmos privados, e outras propriedades intelectuais. O descumprimento de tais premissas poderia se constituir em um risco cibernético significativo.

Oportunidade para Parcerias Público-Privadas (PPPs): Muitas tecnologias de IA emergentes são desenhadas para realizar uma tarefa específica, auxiliando trabalhadores humanos e tornando os trabalhos mais fáceis. Entretanto, nossa habilidade de adaptação a mudanças tecnológicas rápidas é crítica. Por essa razão, sempre devemos estar preparados para lidar com as implicações da IA para a força de trabalho existente e futura. Ao alavancarmos as PPPs (especialmente entre parceiros na indústria, instituições acadêmicas e governos) podemos acelerar a P&D em IA, democratizar o acesso, priorizar a diversidade e a inclusão e preparar nossa força de trabalho para o futuro".

a. Information Technology Industry Council, "AI Policy Principles: Executive Summary", out/2017, https://www.itic.org/dotAsset/50ed66d5-404d-40bb-a8ae-9eeeef55aa76.pdf.

Devemos também estar alerta às contínuas atualizações do trabalho que são a nova realidade do nosso próprio trabalho.

Como líder, você deve criar um ambiente de colaboração com os trabalhadores e outros envolvidos para responder um conjunto de perguntas para a sua empresa:

- Qual trabalho deve ser mantido em uma ocupação tradicional?
- Qual trabalho deve vir através de pequenos trabalhos esporádicos em uma plataforma para *freelances*?
- Como proporcionar aos trabalhadores oportunidades para adquirirem as experiências e habilidades necessárias que servirão de apoio à sua evolução (como trabalho através de contratos por tempo determinado, projetos, aprendizagem social, etc.)?

- Para quais áreas de trabalho você deve transformar aqueles que o realizam para que se tornem treinadores de IA?

Você, como líder, também deverá observar o tempo todo as contínuas atualizações do trabalho que são a nova realidade do seu trabalho. Porém, na qualidade de líder, considere também não apenas o próprio trabalho mas trabalho a ele relacionado e como criar a empresa do futuro.

A boa notícia é que se organizações, nações, governos e trabalhadores forem empoderados para trabalharem juntos, é mais provável que se tenham as ferramentas e as estruturas necessárias. O novo ecossistema do trabalho com funções constantemente atualizadas e reinventadas tem o potencial para empoderar os trabalhadores, criar infinitas oportunidades para carreiras e aprendizagem e superar lacunas de habilidades e desigualdade regional. A má notícia é que se trabalhadores e empresas trilharem este novo mundo em segredo, sem confiança e transparência, então o ecossistema do trabalho corre o risco de ser explorador, obscuro e disfuncional. Além disso, a confiança e a transparência precisam de processos que ofereçam estrutura e linguagem para transmitir de forma honesta e clara a evolução que se avizinha. (Veja o quadro "Princípios que Orientam o Desenvolvimento e o Uso da Inteligência Artificial")

Como líder, você pode ser um modelo de conduta, dando apoio aos debates através de oportunidades, disponibilizando um modelo e informações e segurança necessárias que o empoderem, bem como os seus trabalhadores, no sentido de colaborarem para a otimização da automação do trabalho. Você pode ajudar os seus trabalhadores a seguirem essas etapas. Você pode criar uma cultura segura em que os eles possam lhe contar quando veem possibilidades de a automação substituir tarefas por eles desempenhadas e onde a ampliação das tarefas com o uso de automação poderia aumentar significativamente a produtividade. Se os trabalhadores imaginarem que tais revelações resultarão na própria demissão ou em um trabalho onde serão explorados, eles não compartilharão tais informações. Se isso acontecer, então você perderá a chance de a produtividade aumentar e seus trabalhadores perderão a chance de evoluírem antecipadamente. Por mais difíceis que as conversas possam ser, provavelmente será muito mais penoso fazer tais transições quando todo mundo oculta o fato até se virem forçados a fazê-las.

Conclusão

Ao considerar os vários e rápidos avanços na automação do trabalho, lembre-se de que as pessoas não são impotentes. O futuro do trabalho depende inteiramente de nós. Independentemente de usarmos a tecnologia para substituir, ampliar a capacidade ou criar trabalho novo, esta é e sempre deve ser uma escolha consciente e embasada.

Neste livro nos propusemos a ficar longe de todo estardalhaço da mídia de modo a poder descrever uma maneira concreta e factível para que você possa entender e se preparar para a automação e seus efeitos no trabalho e nas funções dentro de sua organização. Líderes de toda parte estão se esforçando ao máximo para enfrentar essas difíceis questões. Esperamos que as ferramentas aqui fornecidas lhe ofereçam uma maneira mais estruturada e com um grau de nuances maior para antecipar escolhas, tomar as difíceis decisões e conduzir as profissões reinventadas do futuro.

APÊNDICE

A Tabela A-1 mostra os padrões para opções de automação do trabalho. Os exemplos descritos no Capítulo 4 ilustram um subconjunto de linhas contidas na grade. Os exemplos revelam como as características e o valor do trabalho se combinam com o papel e o tipo de automação.

Como esta tabela pode lhe orientar e ajudar a pensar como combinar de maneira ideal trabalho e automação? Para cada elemento laboral, as características do trabalho e ROIP servem como subsídios para indicar as implicações da automação bem como o seu tipo. Digamos que você desconstruiu um trabalho e isolou tarefas que são repetitivas, independentes e intelectuais, com um ROIP negativo. No Capítulo 2 explicamos que um ROIP negativo sugere que o valor de fundamental importância está em reduzir os erros, dada a inclinação do lado esquerdo da curva. Qual o tipo de automação? Para trabalho *intelectual*, os dois possíveis tipos de automação são RPA ou automação cognitiva, já que, por definição, a robótica social envolve interação *física* entre humanos e robôs. O RPA é tipicamente adequado para *substituir* trabalho humano quando o trabalho for *repetitivo e intelectual* e na maioria das vezes realizado de forma independente, pois o RPA pode tanto diminuir o custo do trabalho quanto eliminar erros.

Na grade, o RPA sempre se aplicará a trabalho repetitivo intelectual e a robótica social sempre se aplicará a trabalho físico, enquanto a IA pode ser usada para vários tipos diferentes de trabalho. Esta tabela irá ajudá-lo a entender as combinações ótimas entre trabalho humano e automação.

TABELA A-1

Combinações entre trabalho humano e automação

	CARACTERÍSTICAS DO TRABALHO					
	Repetitivo *versus* variável	Independente *versus* interativo	Físico *versus* intelectual	ROIP (retorno sobre um melhor desempenho)	Papel da automação	Tipo de automação
1	Repetitivo	Independente	Físico	ROIP com valor negativo	Substituição para reduzir erros	Robótica social
2	Repetitivo	Independente	Físico	ROIP com valor constante	Substituição ou ampliação para reduzir a variação	Robótica social
3	Repetitivo	Independente	Físico	ROIP com valor incremental	Substituição ou ampliação para aumentar a produtividade	Robótica social
4	Repetitivo	Independente	Físico	ROIP com valor exponencial	Ampliação para transformar o desempenho	Robótica social
5	Repetitivo	Interativo	Físico	ROIP com valor negativo	Substituição para reduzir erros	Robótica social
6	Repetitivo	Interativo	Físico	ROIP com valor constante	Substituição ou ampliação para reduzir a variação	Robótica social
7	Repetitivo	Interativo	Físico	ROIP com valor incremental	Substituição ou ampliação para aumentar a produtividade	Robótica social
8	Repetitivo	Interativo	Físico	ROIP com valor exponencial	Ampliação para transformar o desempenho	Robótica social
9	Variável	Independente	Físico	ROIP com valor negativo	Substituição para reduzir erros	Robótica social

TABELA A-1

Combinações entre trabalho humano e automação (*continuação*)

	CARACTERÍSTICAS DO TRABALHO					
	Repetitivo *versus* variável	Independente *versus* interativo	Físico *versus* intelec-tual	ROIP (retorno sobre um melhor desempenho)	Papel da automação	Tipo de automação
10	Variável	Independente	Físico	ROIP com valor constante	Substituição ou ampliação para reduzir a variação	Robótica social
11	Variável	Independente	Físico	ROIP com valor incremental	Substituição ou ampliação para aumentar a produtividade	Robótica social
12	Variável	Independente	Físico	ROIP com valor exponencial	Ampliação para transformar o desempenho	Robótica social
13	Variável	Interativo	Físico	ROIP com valor negativo	Substituição para reduzir erros	Robótica social
14	Variável	Interativo	Físico	ROIP com valor constante	Substituição ou ampliação para reduzir a variação	Robótica social
15	Variável	Interativo	Físico	ROIP com valor incremental	Substituição ou ampliação para aumentar a produtividade	Robótica social
16	Variável	Interativo	Físico	ROIP com valor exponencial	Ampliação para transformar o desempenho	Robótica social
17	Repetitivo	Independente	Intelec-tual	ROIP com valor negativo	Substituição para reduzir erros	RPA

TABELA A-1

Combinações entre trabalho humano e automação (*continuação*)

	CARACTERÍSTICAS DO TRABALHO					
	Repetitivo *versus* variável	Independente *versus* interativo	Físico *versus* intelec-tual	ROIP (retorno sobre um melhor desempenho)	Papel da automação	Tipo de automação
18	Repetitivo	Independente	Intelec-tual	ROIP com valor constante	Substituição ou ampliação para reduzir a variação	RPA
19	Repetitivo	Independente	Intelec-tual	ROIP com valor incremental	Substituição ou ampliação para aumentar a produtividade	Automação cognitiva
20	Repetitivo	Independente	Intelec-tual	ROIP com valor exponencial	Ampliação para transformar o desempenho	Automação cognitiva
21	Repetitivo	Interativo	Intelec-tual	ROIP com valor negativo	Substituição para reduzir erros	RPA
22	Repetitivo	Interativo	Intelec-tual	ROIP com valor constante	Substituição ou ampliação para reduzir a variação	RPA
23	Repetitivo	Interativo	Intelectual	ROIP com valor incremental	Substituição ou ampliação para aumentar a produtividade	Automação cognitiva
24	Repetitivo	Interativo	Intelectual	ROIP com valor exponencial	Ampliação para transformar o desempenho	Automação cognitiva
25	Variável	Independente	Intelectual	ROIP com valor negativo	Substituição para reduzir erros	Automação cognitiva

TABELA A-1

Combinações entre trabalho humano e automação (*continuação*)

CARACTERÍSTICAS DO TRABALHO

	Repetitivo *versus* variável	Independente *versus* interativo	Físico *versus* intelec-tual	ROIP (retorno sobre um melhor desempenho)	Papel da automação	Tipo de automação
26	Variável	Independente	Intelectual	ROIP com valor constante	Substituição ou ampliação para reduzir a variação	Automação cognitiva
27	Variável	Independente	Intelectual	ROIP com valor incremental	Substituição ou ampliação para aumentar a produtividade	Automação cognitiva
28	Variável	Independente	Intelectual	ROIP com valor exponencial	Ampliação para transformar o desempenho	Automação cognitiva
29	Variável	Interativo	Intelectual	ROIP com valor negativo	Substituição para reduzir erros	Automação cognitiva
30	Variável	Interativo	Intelectual	ROIP com valor constante	Substituição ou ampliação para reduzir a variação	Automação cognitiva
31	Variável	Interativo	Intelectual	ROIP com valor incremental	Substituição ou ampliação para aumentar a produtividade	Automação cognitiva
32	Variável	Interativo	Intelectual	ROIP com valor exponencial	Ampliação para transformar o desempenho	Automação cognitiva

NOTAS

Introdução

1. Kyle Smith, "Blame the ATM!" *New York Post,* June 19, 2011, https://nypost.com/2011/06/I9/blame-the-atm/.

2. "Are ATM's Stealing Jobs?" *The Economist,* June 15, 2011, https://www.economist.com/blogs/democraeyinamerica/2011/06/technology-and-unemployment.

3. James Bessen, *Learning by Doing: The Real Connection between Innovation, Wages, and Wealth* (New Haven, CT: Yale University Press, 2015).

4. Tamar Jacoby, "Technology Isn't a Job Killer," *Wall Street Journal,* May 20,2015, https://www.wsj.com/articles/technology-isnt-a-job-killer-1432161213.

5. Ethan J., "Banks Getting Rid of Tellers Are Replacing Them with Video Conferencing Mini-Banks," *VC Daily,* May 16, 2017, https://www.videoconferencingdaily.com/recent-news/banks-getting-rid-tellers-replacing-video-conferencing-mini-banks/.

6. Ibid.

Parte 1

1. Michael J. Miller, "AI's Implications for Productivity, Wages and Employment," *PC Magazine,* November 20,2017, https://www .pcmag.com/article/357490/ais-implications-for-productivity-wages-and-employment.

Capítulo 1

1. S. Glucksberg, "The Influence of Strength of Drive on Functional Fixedness and Perceptual Recognition," *Journal of Experimental Psychology* 63 (1962): 36-41; https://curiosity.com/topics/the-candle-problem-from-1945-is-a-logic-puzzle-that-requires-creative-thinking-curiosity/.

2. Bouree Lam, "Life as a Teller in the Age of the Automated Teller Machine, *The Atlantic,* August 12. 2016, https://www .theatlantic.com/

business/archive/2016/08/the-teller-in-the-age-of-the-atm/495671/.
3. O*Net Resource Center, "About Or Net," https://www .onetcenter. orgjoverview.html.
4. Peter Evans-Greenwood, Harvey Lewis e Jim Guszcza, "Reconstructing Work: Automation, Artificial Intelligence, and the Essential Role of Humans," *Deloitte Review,* July 2017.
5. Clifford Strauss, "Texas Oil Fields Rebound from Price Lull, But Jobs Are Left Behind," *New York Times,* February 19, 2017, https://nyti. ms/2IwUfw3.
6. Michael Hammer, "Reengineering Work: Don't Automate, Obliterate," *Harvard Business Review,* July-August 1990,104-112.
7. Ibid.

Capítulo 2

1. John W. Boudreau, *Retooling HR: Using Proven Business Tools to Make Better Decisions about Talent* (Boston: Harvard Business Review Press, 2010).
2. John W. Boudreau and Peter M. Ramstad, *Beyond HR: The New Science of Human Capital* (Boston: Harvard Business Review Press, 2007).
3. Ibid.

Capítulo 3

1. George Zarkadakis, Ravin Jesuthasan e Tracey Malcolrn, "The 3 Ways Work Can Be Automated," hbr.org, October 13, 2016, https://hbr. org/2016/lo/the-3-ways-work-can-be-automated?auto complete=true.
2. Leslie Willcocks, Mary Lacity e Andrew Craig, "Robotic Process Automation at Xchanging," Paper 15/03, The Outsourcing Unit Working Research Paper Series, June 2015.
3. David Silver et al., "Mastering the Game of Go without Human Knowledge," *Nature,* October 19, 2017, https://www.nature.com/articles/ nature24270.
4. Jennifer Smith, "A Robot Can Be a Warehouse Worker's Best Friend," *Wall Street Journal,* August 3, 2017, *https://www.wsj.com/* articles/a-robot-can-be-a-warehouse-workers-best-friend-1501752600.
5. "How Allstate and Farmers Will Use Drones to Assess Dam-age from Hurricane Harvey," Reuters, August 30, 2107, *https://* finance.yahoo.com/ news/allstate-farmers-insurance-drones-assess-114721776.html.
6. Sy Mukherjee, "Coming to an O.R. Near You," *Fortune,* November 1, 2017, 50-56.

7. Carrie Printz, "Artificial Intelligence Platform for Oncology Could Assist in Treatment Decisions," *Cancer,* March 6, 2017, https://onlinelibrary.wiley.com/doi/full/10.1002/cncr.30655.

8. "IBM Watson for Oncology Platform Shows High Degree of Concordance with Physician Recommendations,' American Association for Cancer Research, press release, December 9,2016, *http:// www.aacr.org/Newsroom/Pages/News*-Release-Detail.aspx?ItemID = 983#WmPNp66nHIU.

9. Azad Shademan et al., "Supervised Autonomous Robotic Soft Tissue Surgery,' *Science Transitional* **Medicine** 8, no. 337 (2016): 337, *http://stm.sciencemag.org/content/8/337/3.37ra64.*

10. Carly Szabo, "Artificial Intelligence Used to Predict Chemotherapy Resistance in Breast Cancer Patients,' *Specialty Pharmacy Times,* September 24, 2015, https://www.specialty pharmacytimes.com/news/artificial-intelligence-used-to-predict-chemotherapy-resistance-in-breast-cancer-patients.

Capítulo 4

1. "Robotic Part Inspection with the FANUC LR Mate 200i Robot," FANUC, http://www.fanucamerica.com/home/news-resources/case-studies IInspection-Robot-Perforrns-Complete-Part-Inspection-Compass-Automation.

2. Raquel Maria Dillon, "Researchers Explore New Use for Drones: Detecting Methane Leaks,' *NBC Bay Area News,* March 28, 2017, http://www.nbcbayarea.com/news/local/Researchers-Explore-N ew-Use-for-Drones-Detecting-Methane-Leaks-417383103.html.

3. Xavier Lhuer, "The Next Acronym You Need to Know About: RPA," *Digital McKinsey,* December 2016, https://www.mckinsey .com/business-functions/digital-mckinsey/oJur-insights/the-next-acronym-you-need-to-know-about-rpa.

4. Richard Feloni, "Consumer-Goods Giant Unilever Has Been Hiring Employees Using Brain Games and Artificial Intelligence," *Business Insider,* June 28,2017, http://www.businessinsider.com/unilever-artificial-intelligence-hiring-process-2017-6.

5. Randy Bean and Thomas H. Davenport, "How AI and Machine Learning Are Helping Drive the GE Digital Transformation," LinkedIn, June 8, 2017, https://www.linkedin.com/pulse/how-ai-machine-Iearning-helping-drive-ge-digital-tom-davenport.

6. Ellen Messmer, "Coca-Cola Co.'s 'Black Book' Application Squeezes the Best Out of OJ," *Network World,* May 15, 2014, https:// www.networkworld.com/article/2176933/applications/coca-cola-co-s-black-book-application-squeezes-best-out-of-oj.html.

7. David Kirkpatrick, "For Stitch Fix, the AI Future Includes Jobs," *Techonomy,* October 2, 2017, http://techonomy .com /2017/10 / software-pl us-stylists-equal-sales-stitch-fix/,

8. Alex Voica, "How Ocado Uses Machine Learning to Improve Customer Service," Ocado Technology (blog), October 13, 2016, https://ocadotechnology.com/blog/how-ocado-uses-machine-learning-to-improve-customer-Service/.

9. John Huetter, "Top U.S. Insurers Using Tractable in Photo Estimating AI Pilots,' *Repairer Driven News,* October 9,2017, http://www.repairerdrivennews.com/2017/10/09/top-u-s-insurers-using-tractable-in-photo-estimating-ai-pLlots/.

10. Ted Greenwald, "Chip Makers Are Adding Brains Alongside Cameras Eyes," *Wall Street Journal,* October 14, 2017, https://www.wsj.com/articles/chip-makers-are-adding-brains-alongside-cameras-eyes-1507114801.

11. Fred Lambert, "Tesla Expands on its New Car Insurance Programs as Self-Driving Technology Improves," *electrek,* February 23, 2017, https://electrek.co/2017/02/23/tesla-insurance-program-self-driving-technology/.

12. Willis Towers Watson, "Willis Towers Watson and Roost to Establish Home Telematics Consortium of U.S. Carriers," press release, May 31, 2017, https://www.willistowerswatson.com/en/ press/2017/05/willis-towers-watson-roost-establish-home-telematics-consortium.

Capítulo 5

1. Menno van Doorn, Sander Duivescsein e Peter Smith, "The Unorganization: Design to Disrupt," September 5,2017, http://labs. sogeti.com/downloads.

2. Esta seção se baseia em Zhang Ruimin, "Leading to Become Obsolete," *MIT Sloan Management Review,* June 19, 2017.

3. Jay Galbraith, "The Star Model,' http://www.jaygalbraith.com/images/pdfs/StarModel.pdf.

Capítulo 6

1. Kevin Kelly, *The Inevitable: Understanding the 12 Technological Forces That Will Shape Our Future* (New York: Viking Press, 2016).

2. Yaarit Silverstone, Himanshu Tambe e Susan M. Cantrell, *HR Drives the Agile Organization* (New York: Accenture, 2015).

3. Danielle D'Angelo, "Despite Hype, Few Workers Believe Artificial Intelligence Will Threaten Their Jobs,' Genpact press release, November

14, 2017, http://www.genpact.com/about-us/media/press-releases /2017-few-workers- believe-artificial-intelligence-ai-will-threaten-their-jobs.

4. W. F. Cascio, J. W. Boudreau e A. H. Church, "Maximizing Talent Readiness for an Uncertain Future," in *A Research Agenda for Human Resource Management-HR Strategy, Structure, and Architecture,* ed. C. Cooper and P. Sparrow (London: Edward Elgar Publishers, 2017).

5. Alvin Toffier, *Future Shock* (New York: Random House, 1970).

6. J. W. Boudreau, "HR at the Tipping Point: The Paradoxical Future of Our Profession," *People + Strategy* 38, no. 4 (2016): 46-54;

7. World Economic Forum, "The Future of Jobs: Employment, Skills and Workforce Strategy for the Fourth Industrial Revolution,' January 2016, http://www3.weforum.org/docs/WEF_FOJ_ Executive_Summary-Jobs.pdf.

8. Reid Hoffman, Ben Casnocha e Chris Yeh, "Tours of Duty: The New Employer-Employee Contract," *Harvard Business Review,* June 2013, 48-58.

9. Oxford Economics, "Global Talent 2021: How the New Geography of Talent Will Transform Human Resource Strategies," 2012, https: //www. oxfordeconomics.com/Media/Default /Thought % 20 Leadership/global-talent-2021.pdf.

10. "Kellogg CEO Says Closing Oldest Battle Creek Plant Key to Firms' Survival,' *Lubbock Avalanche Journal,* September 5, 1999, http://lubbockonline.com/stories/090599/bus_090599120.shtml#. WmOt3ainHqh.

11. John Boudreau, "Leaders, You Can't Achieve Agility in the Workplace Without Transparency," ReWork, October 25, 2017, https:// www.comerstoneondemand.com/rework/leaders-you-cant-achieve-agility-workplace-without-transparency.

Capítulo 7

1. Michael Grothaus, "Bet You Didn't See This Coming: 10 Jobs That Will Be Replaced by Robots," *Fast Company,* January 19, 2017, *https:// www.fastcompany.com/3067279/you*-didnt-see-this-coming-10-jobs-that-will-be-replaced-by-robots.

2. James T. Austin, Gail O. Mellow, Mitch Rosin e Marlene Seltzer, "Portable, Stackable Credentials: A New Education Model for Industry-Specific Career Pathways," McGraw-Hill Research Foundation, November 28, 2012, http://www.jff.org/sites/default/ files/publications/materials/ Portable Stackable Credentials.pdf.

3. Aditya Chadrabortty, "A Basic Income for Everyone? Yes, Finland Shows It Really Can Work," *The Guardian,* October 31, 2017, https:/ Iwww.theguardian.com/commentisfree/2017/oct/31/finland-universal-basic-income.

4. Skills Future Mid-Career Enhanced Subsidy, http://www.skillsfuture.sg/enhancedsubsidy#howdoesitwork.

5. Emily Price, "Bill Gates' Plan to Tax Robots Could Become a Reality in San Francisco," *Fortune,* September 5, 2017, http:// *fortune.com/2017/09/05/*san-francisco-robot-tax/.

6. "Artificial Intelligence Will Create New Kinds of Work," *The Economist,* August 26, 2017, *https://www.economist.com/news/* business/21727093-humans-will-supply-C.igital-services-complement-ai-artificial-intelligence-will-create-new.

7. Chico Harlan, "Rise of the Machines: At a Wisconsin Factory, Workers Warily Welcome Robots," *Chicago Tribune,* August 5,2017.

8. Ibid.

9. Ted Greenwald, "Chip Makers Are Adding 'Brains' Alongside Cameras' Eyes," *Wall Street Journal,* October 4,2017, *https://www.* wsj.com/articles/chip-makers-are-adding-brains-alongside-cameras-eyes-1507114801.

10. Danielle Muoio, "Uber Built a Fake City in Pittsburgh with Roaming Mannequins to Test its Self-Driving Cars," *Business Insider,* October 18, 2017, https://amp-businessinsider-com.cdn .ampproject.org/c/s/amp.businessinsider.com/ubers-fake-city-pittsburgh-self-driving-cars-2017-10.

11. Satinder Singh, "Learning to Play Go from Scratch," *Nature News & Views,* October 19, 2017, https://www.nature.com/ articles/550336a.

12. Vivian Giang, "Robots Might Take Your Job, But Here's Why You Shouldn't Worry," *Fast Company,* July 28, 2015, https:l/ www.fastcompany.com/3049079/robots-might-take-your-job-but-heres-why-you-shouldnt-worry.

13. Peggy Hollinger, "Meet the Cobots: Humans and Robots Together on the Factory Floor," *Financial Times,* May 4,
2016, https://www.ft.com/content/6d5d60ge-02e2-11e6-af1d-c4 7326021344?mhq5j =e7.

14. Ibid.

15. Andrew Nusca, "Humans vs. Robots: How to Thrive in an Automated Workplace," *Fortune,* June 30, 2017, http://fortune .com/2017/06/30/humans-robots-job-automation-workplace/.

16. Ibid.

ÍNDICE

SOBRE OS AUTORES

RAVIN JESUTHASAN é líder, pensador e autor de reconhecimento mundial sobre futuro do trabalho, automação e capital humano. Escreveu inúmeros artigos sobre estes tópicos e é coautor dos livros *Lead the Work* (Wiley, 2015) e *Transformative HR* (Wiley, 2011). Jesuthasan atua como consultor para algumas das maiores empresas do planeta e tem participação em inúmeros processos de reestruturação e transformação globais de larga escala.

Ele participa e faz apresentações regularmente nas reuniões anuais do Fórum Econômico Mundial, em Davos e Dalian/Tiajin, sendo membro do Comitê Executivo sobre Trabalho e Emprego do FEM. Tem constante destaque na grande mídia do mundo dos negócios, em veículos como CNN, BBC, *Wall Street Journal, Business Week*, CNBC, *Fortune, FT, The Nikkei* (Japão), *Les Echos* (França), *Valor Econômico* (Brasil), *Business Times* (Malásia), *Globe and Mail* (Canadá), *South China Morning Post,* Dubai One TV e *The Australian,* entre outros. É convidado frequentemente para dar palestras em universidades ao redor do mundo, entre as quais Oxford University, Northwestern University e University of Southern California.

Jesuthasan é reconhecido como um dos 25 consultores mais influentes do mundo. É diretor-executivo da Willis Towers Watson e trabalha no escritório de Chicago da empresa.

JOHN W. BOUDREAU é professor de Gestão e Organização da Marshall School of Business da University of Southern California e Diretor de Pesquisa no Center for Effective Organizations da universidade. É reconhecido mundialmente por suas pesquisas inovadoras sobre as ligações entre capital humano superior, talentos e vantagem competitiva sustentável.

Entre suas mais de 200 publicações temos os livros *Lead the Work* (Wiley, 2015), *Retooling HR* (Harvard Business Review Press, 2010) e *Beyond HR* (Harvard Business Review Press, 2007). É destaque em publicações como *Harvard Business Review, Wall Street Journal, Fortune, Fast Company* e NPR, entre outras. Suas pesquisas aparecem em *Management Science, The Academy of Management Executive, Journal of Applied Psychology, Personnel Psychology, Human Resource Management Review e Industrial Relations.* Boudreau recebeu os prêmios Herbert Heneman Jr., por realização na carreira, da Academy of Management; Michael R. Losey, por excelência em pesquisa na área de RH, da Society for Human Resource Management e o prêmio da Academy of Management, por realização acadêmica nas áreas de RH e de novos conceitos em comportamento organizacional. É membro da National Academy of Human Resources, the Society for Industrial and Organization Psychology e American Psychological Association. É consultor de empresas, desde startups até grandes multinacionais, bem como órgãos do governo, militares e organizações sem fins lucrativos. Fundou e dirigiu o CHREATE (Global Consortium to Reimagine HR, Employment Alternatives, Talent, and Enterprise) e é membro do conselho de administração da National Academy of Human Resources e do Comitê de Capacitação e de Investimento Transformacional da Médecins Sans Frontières (Médicos sem Fronteiras).